COMO MÁQUINAS APRENDEM

Volume I

Ciclo de Aprendizagem…
fundamentos e conceitos

Segunda Edição

Valter Rodrigues

Cannes, França
2021

Título: como Máquinas aprendem

Volume I

Ciclo de Aprendizagem

...fundamentos e conceitos

Autor: Valter Rodrigues

Edição: 2021 - 2^a ed.

Inclui: referências bibliográficas

ISBN: 9798719827209

e-ISBN: 9798719827209

a.   como Máquinas aprendem:

Volume I

Ciclo de Aprendizagem ...

...fundamentos e conceitos

(Informática, Ciência da Computação, Engenharia e Matemática Aplicada).

CONTEÚDO

Lista de Figuras

Lista de Tabelas

Capítulo 1

Ciência dos Dados

1. Contexto

Desde o advento do computador o interesse em conceber programas que aprendem tem se tornado uma das grandes aspirações humanas. A maioria das iniciativas tem se fundamentado na capacidade dessas máquinas de aprenderem a extrair informação e conhecimento úteis, a partir dos dados que lhe são submetidos.

Nos anos recentes a Ciência dos Dados, vem se tornando uma área propícia ao desenvolvimento de técnicas que conseguem auxiliar no desvendar os segredos que dados portam. Estes quando gerados, coletados e armazenados sistematicamente podem possibilitar que se faça descobertas importantes a vida humana. Algumas delas tem modificado aos poucos nossa forma de viver e de lidar com os mais diversos ambientes e dispositivos de nosso dia-a-dia. Essas mudanças já estão causando efeitos, não mais periféricos, no nosso quotidiano.

Sob a custódia de tais interesses e efeitos a Ciência dos

Dados, tem se apresentado cada vez mais como a componente cibernética mais importante em nossa evolução. Em uma crescente influência direta em nossas vidas, através de processamentos sofisticados e distribuídos aos diferentes níveis: dados, informação e conhecimento, tem se tornado uma força catalizadora de interesse técnico e científico, motrizes de descobertas fantásticas.

No entanto, muitas dúvidas envolvem o futuro de tal disciplina. Candidata a ser um domínio científico em si, não dispõe ainda de fundamentos que lhe assegure se poderá realmente se consolidar e direcionar os destinos futuros de nossa sociedade.

Pode-se dizer que cada vez que passa por algum tipo de crivo, semelhantemente ao que tem ocorrido com outras ondas científicas e tecnológicas, a Ciência dos Dados provoca mais interesse. Seja no meio empresarial onde viabiliza novas oportunidades de negócios, ou no meio acadêmico, quando especialistas e cientistas concebem inovações, que acabam estimulando nossa impetuosidade para avançar as fronteiras do conhecimento humano.

No meio de muitas incertezas e novas descobertas, buscar referências visionárias de credibilidade, que sejam globalmente reconhecidas, tem sido um desafio enorme. Embora muito salutar para todos envolvidos, sejam iniciantes ou profissionais, toda a motivação e estímulo adicional advém do que induz o mercado de trabalho.

Uma fonte intrigante de inspiração está no aspecto futurístico de vários tópicos da Ciência dos Dados. Ideias promissoras, que podem impactar o mundo nos próximos 100 anos, já estão sendo engendradas nos laboratórios das empresas, dos centros de pesquisa e das universidades [1.1], como elenca esta referência. Parte inerente de sistemas inteligentes, essas inovações emergirão transformando as atividades humanas, de forma que o mundo cibernético será tanto meio e fim ao mesmo tempo.

Apesar de toda essa excitação, como ocorre em toda ciência que brota, surgem questões, de respostas ainda bastante insipientes, sobre a forma na qual essa evolução está sendo construída.

Respondê-las, continuamente, passa a ser o balizamento necessário para reavaliar os rumos desta pseudociência e obter respostas honestas para algumas questões consideradas importantes do tipo:
- quanto avançado são os conceitos propostos ?
- quanto eficientes são as técnicas geradas ?
- em que aplicações as técnicas são mais eficientes ?
- o quanto essa área está inserida em nossa sociedade ? e
- quais tem sido os problemas decorrentes encontrados, as soluções oferecidas e os benefícios obtidos ?

Essas questões apresentam uma complexidade inerente em suas respostas, uma vez que são de difícil constatação. Somente, quem se propõe a responde-las, como pesquisadores e profissionais especializados, detém as informações suficientes para oferecerem respostas assertivas e quantitativas.

Pelo fato de muitos desses assuntos fazerem parte de negócios com alto interesse econômico, portanto, sujeitos a critérios de confidencialidade ou segredos comerciais, existe uma dificuldade em dar uma transparência consistente.

O que é Ciência dos Dados?

A Ciência dos Dados pode ser sintetizada como a área em que se conduz o estudo sistemático, analítico e sistêmico de várias fontes de dados, com diferentes propósitos. Na busca por atingir autonomia sistêmica, pode-se inserir a concepção de sistemas que tenham a finalidade de, automaticamente, extrair informações, compreender significados e contextos, com o intuito de utilizá-los como matéria prima na decisão eficiente e resolução de problemas.

Tendo conhecimento detalhado dos dados, das suas estruturas e das concatenações existentes, que muitas vezes estão escondidas e não percebidas, se consegue extrair conhecimento importante para fazer decisões mais eficientes e mais úteis nas diversas situações do mundo real. Como exemplos reais, temos visto frutos da Ciência de Dados, por exemplo no controle de veículos automotores e máquinas de produção, na gestão de custos operacionais, na busca para obter melhor produtividade, na modificação de modelos de fabricação de produtos, na identificação de novas oportunidades de negócios, na expansão de horizontes de mercado, através da construção de imagens mais competitivas, entre alguns dos exemplos de sucesso.

Mesmo sob objetivos e vantagens genéricas a Ciência dos Dados, em muitas aplicações práticas, tem evoluído através de uma forte motivação, a velocidade de reação. A presteza na geração de resultados dirige a proposição, a descoberta ou simplesmente a aplicação das técnicas e algoritmos, sem deixar de lado os critérios de eficiência. Esta na maioria dos casos relaciona custo, qualidade e acurácia.

Em muitos ambientes isso significa a extração, em tempo hábil, de informação relevante para uma tomada de decisão ou praticar uma ação, a partir de um ou mais produtos de dados.

Produtos de dados tem surgido, principalmente no domínio de e-comerce, como um termo que abrange diferentes conceitos, tentando dar respostas a questões do tipo: quais dos meus produtos devo retirar do mercado? como devo melhorar a publicidade dos produtos de menor saída? quais clientes devem ser melhor trabalhados para aceitarem meus produtos? como melhorar a qualidade de meu produto, reduzindo meus custos? quais candidatos devo escolher para serem contratados?.

Alguns desses produtos obtiveram sucesso global e bastante popularidade como: *Previsão na Bolsa de Valores, Processos Produtivos Inteligentes, Diagnósticos de Saúde, Publicidade Direcionada, Recomendação de Produtos e Sugestão de Filmes, Controle Automático de Veículos.*

São bastante diversas as áreas e domínios de aplicação, que mais tem atraído esforços, sob a ótica de aplicar a Ciência dos Dados, como ferramenta de transformação. Algumas das mais importantes, exemplificadas na figura 1.11, são: *Internet [incluindo a Internet das Coisas - IoT], Defesa & Segurança, Transporte Inteligente, Medicina & Saúde, Entretenimento, Finanças & Investimentos.* Em menor intensidade surgem as de: *Recursos Humanos, Marketing e Políticas Governamentais.*

Em Marketing, por exemplo, os sistemas de recomendação das empresas tem conseguido identificar e selecionar os produtos e serviços com maior valor empresarial, que possam ser os mais indicados ou induzidos aos clientes [*up selling*]. Outros exemplos, que até muito pouco tempo atrás, eram inimagináveis de serem corriqueiros são: relacionar produtos complementares à uma compra efetuada, dependendo do comportamento do cliente, ou ainda, na área de Recursos Humanos identificar empregados que apresentam grande possibilidade de deixar a empresa, avaliar seus desempenhos e decidir bônus a serem atribuídos.

Enfim, diante da potencialidade das ferramentas que estão sendo criadas, da engenhosidade com a qual os cientistas de dados tentam alcançar seus objetivos e satisfazerem as necessidades técnicas, científicas e dos negócios envolvidos, essa nova ciência tem se tornado inegavelmente de grande valia. *Dados* tem se mostrado ser a moeda corrente numa nova era de negócios cibernéticos.

Transporte Inteligente	Finanças & Investimentos	Medicina & Saúde
Reconhecimento de Sinal Rastreamento de Pistas Detecção de Pedestres Roteamento Inteligente Logística de Entrega	Análise de Mercado Riscos de Crédito Análises Tempo Real Segmentação de Clientes Análise Preditiva Detecção de Fraudes Verificação de Identidades Alocação de Investimentos	Medicina Personalizada Medicina Preventiva Análise Genética Análise Preditiva Monitoramento de Pacientes Mapeamento de Doenças Prontuários Eletrônicos Detecção Célula Cancerosa
Defesa & Segurança	**Entretenimento**	**Internet & IOT**
GeoInteligência Fusão de Dados Identificação de Alvos Reconhecimento Facial Biometria Vigilância Aérea & Terrestre Monitoramento Ambiental Detecção de Fraudes e Riscos	Legenda Automática Video Seleção Automática Video Tradução Automática Reconhecimento Musical Jogos	Pesquisa Inteligente Recomendação Reconhecimento de Imagens Comparação de Preços Publicidade Digital

Fig. 1.1-1 Ciência dos Dados: Domínios e Áreas de Aplicação

Dentre os grandes volumes de dados gerados quotidianamente, muito valor pode ser encontrado. Valor que pode colocar uma empresa em vantagem competitiva por vários anos.

Sem duvida conseguir identificar, reconhecer e extrair padrões, novidades e dicas [*insights*] a partir de dados e com os resultados auxiliar a evolução da sociedade passa a ser um novo objetivo, denominado *extração de valor*.

Extrair valor de dados toma uma dimensão e representa uma complexidade ainda maior, principalmente, quando estes são gerados por uma diversidade enorme de fontes, em diferentes formatos e, em geral, quando contaminados por ruídos e distorções sem informação a priori.

Teorias, técnicas, algoritmos e ferramentas computacionais constituem o arsenal que a Ciência dos Dados tem recorrido para auxiliar na extração de valor. Considerar o contexto no qual dados são gerados em abundância, é uma regra.

Todos estes aspectos em conjunto, pode não ser suficiente, mas com certeza é necessário para criar uma situação favorável para a identificação e extração de valor.

Por outro lado, não é incomum a geração de grandes volumes de dados. Isso não deve ser encarado como problema, mas uma complexidade adicional.

As limitações em compreender o conteúdo existente dentro de grandes volumes de dados constituem o grande desafio. Para enfrentar essa complexidade especialistas tem inovado propondo, ainda na forma ad-hoc, novos modelos e técnicas.

Pode-se identificar que muitos atores tem contribuído para compor o lado operativo da Ciência dos Dados. Por exemplo, as demandas do mercado de trabalho e visões arrojadas, de médio e longo prazo, tem impulsionado diversas áreas de pesquisas, atraindo a atenção dos cientistas, engenheiros, analistas e empresários. Além disso, a fertilidade no surgimento de cursos universitários, de especialização e de consultorias que florescem como fruto de interesses e desafios específicos relacionados, em geral, aos interesses econômicos regionais e locais .

Por outro lado, todos esses interesses, adicionados aos

tipos de problemas abordados, tem levado a Ciência dos Dados a ser uma área muito abrangente.

Para realizar um ciclo de vida em um projeto de uma determinada dimensão e complexidade mediana, há necessidade de profissionais oriundos de diferentes especialidades técnicas e científicas. Estes técnicos por sua vez, nem sempre constituem um ambiente harmonioso de entendimento conceitual, pois trazem uma diversidade enorme de conceitos e, no quotidiano, injetam jargões e terminologias de difícil entendimento comum.

No passado se empregava estatísticos, modeladores e analistas para explorarem bases de dados, o que era feito quase que manualmente. A medida que o volume e a variedade dos dados foi crescendo, assim como a velocidade em obter produtos e resultados foi ficando cada vez mais crítica, essa capacidade semi-manual foi se provando ser muito ineficiente, requerendo ambientes de trabalho munidos de ferramentas mais automatizadas e inteligentes.

Contribuindo nessa empreitada está a capacidade de processamento computacional, que tem aumentado significativamente e possibilitado usufruir do potencial de técnicas e algoritmos mais complexos e automáticos. Por sua vez, isso tem possibilitado aumentar o número de análises e torná-las cada vez mais amplas e profundas.

Relação com Big Data

Embora não muito clara a relação ou diferença entre essas duas áreas, ambas lidam com a convergência dos vários fatores que a modernidade cibernética tem imposto. Em Big Data há, também, o propósito tratar com grandes quantidades de dados em sistemas complexos e talvez por essa razão exista uma confusão de finalidades entre ambas as áreas.

Se por um lado as duas áreas são tratadas de forma diferente, por ouro são levadas a se apresentarem semelhantes, pois ambas tem sido impulsionadas pela competitividade e a necessidade de sobrevivência no mercado cibernético.

Muitos consideram o Big Data uma área muito correlata à Ciência dos Dados, pois tem princípios e soluções voltadas, na maioria de suas atividades, ao gerenciamento e manuseamento de dados. Ambas as áreas tem aumentado consideravelmente a complexidade no tratamento dos dados.

As abordagens em Big Data consideram fatores indutores 4 Vs, que significam: volume, velocidade, veracidade e variedade de dados, conhecidos como 4 Vs [1.2] [1.3], ilustrados na figura 1.1.- 2, e explicados a seguir:

Volume
não se tem noção ainda da quantidade de dados que a maioria das organizações coletam, pois incluem uma diversidade enorme de fontes que vão desde as transações comerciais, exposições as redes sociais, os sensores, as tags RFIDs, os medidores inteligentes, etc. Adicionado a isso está a inércia das organizações em se prepararem para inserirem suas fontes de dados dentro do seu conceito de negócios.
Se for acrescentado o volume de transações existentes entre computadores em tempo real, o volume total de dados cresce de maneira espantosa, confirmando o dito popular de que a quantidade de dados quase dobra a cada 18 meses [*regra de Moore*].

Fig. 1.1-2 Big Data e Fatores Indutores (4 Vs)

Se por um lado esse crescimento leva a problemas de armazenamento e manutenção, por outro a evolução econômica dos países, associada a implantação de novas estruturas tecnológicas, tem alimentado a expectativa de que persistirá uma tendência de crescimento exponencial no volume de dados, como ilustra a figura 1.13.

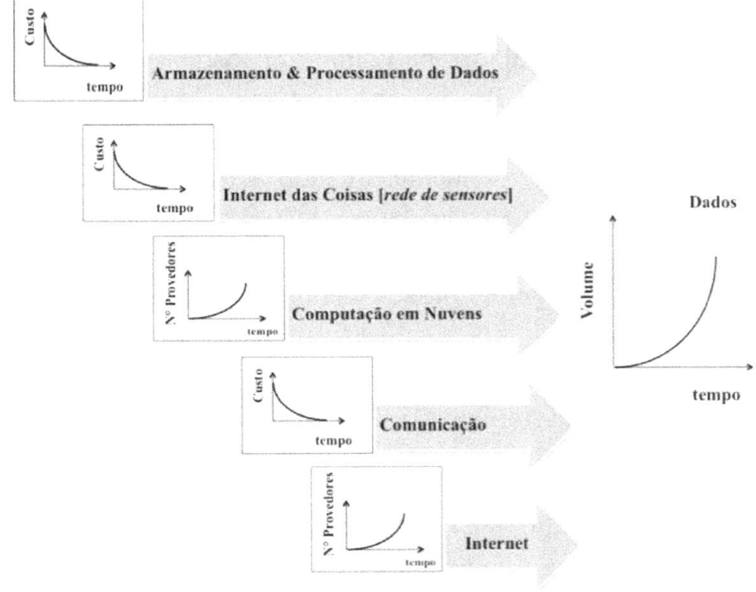

Fig. 1.1-3 Tendência no Volume de Dados

Esse crescimento, na prática, tem sido impulsionada por tendências de crescimento em alguns aspectos como:

- queda no custo da implantação de sensores, que se acentuará com a implantação da Internet das Coisas,
- queda no custo de armazenamento e processamento de dados, principalmente, com a disponibilização da grande quantidade de Centros de Dados,
- queda nos custos das comunicações, tanto fixas quanto móveis, e
- aumento no número de provedores de internet. Isto em função do crescimento das infraestruturas e serviços em nuvem a serem implantadas.

Esses dispositivos e os processos de alta complexidade que os envolvem já manipulam um volume de dados da ordem de Yottabytes [10^{24}]. Planejamentos em infraestruturas computacionais apontam para volumes ainda maiores num futuro próximo, principalmente, quando a Internet das Coisas estiver gerando volumes de dados da ordem de Brontobytes [10^{74}] (1.4).

A associação inteligente desses dados com a finalidade de resolver problemas reais, numa relação custo-benefício aceitável, surge como um desafio enorme para os diversos atores dos setores privado e governamental.

Velocidade

tem aumentado, paulatinamente, dada a facilidade na qual se acessa provedores de dados e conteúdos e pela disponibilidade cada vez maior de infraestruturas de comunicação fixas e móveis. Além do que tem auxiliado a evolução na interconectividade da Internet, incluindo a Internet das Coisas, onde se pretende interligar sensores de toda natureza e a crescente implantação de arquiteturas em nuvem.

Espera-se que essa conjunção leve a uma velocidade espantosa o processo de coleta de dados.. Na prática, as pessoas através de diferentes dispositivos e em diferentes localizações, conseguirão inserir dados dentro dos mais diversos sistemas de armazenamento.

Variedade

as atividades nas redes sociais e na internet, de maneira geral, tem gerado quase continuamente grandes volumes de vídeos, e-mails, voicemails, transações de cartões de crédito, arquivos técnicos de toda natureza, em diferentes estruturas e formatos. As novas tendências tecnológicas estão tornando muito fácil o armazenamento dessa diversidade grande de dados, estruturados e não estruturados.

Se pelo fato desses dados serem gerados, na maioria das vezes, por diferentes fontes tem levado a falta de padronização nos processos de armazenamento. Por outro lado, tem mostrado que se extrai melhor os segredos contidos nos dados, quando estes se encontram na sua forma original, consolidando o lema: dados não estruturados, quanto mais melhor.

Veracidade
uma das grandes preocupações, a verificação de veracidade nos dados, surge logo nas primeiras fases do ciclo de vida de um projeto. Incertezas, distorções, anormalidades ou polarizações nos dados, introduzidas durante as atividades de aquisição, ou formatação, ou quando do armazenamento e/ou back-ups, requerem processos específicos para serem eliminadas.

Mais ainda, cuidados extras na interpretação e nos resultados dos processamentos, devem ser despendidos para identificarem inconsistências, falhas, ambiguidades, latências e aproximações. Tudo isso, de forma a se evitar resultados inviáveis ou elevarem os custos operacionais. Portanto, quanto mais dado melhor, mas qualidade deve sempre estar presente.

Nesse contexto de grandes quantidades de dados, além dos quatro Vs, outros fatores não menos importantes devem ter solução facilitada pela evolução tecnológica como: *Validade:* em processos tempo real ou que funcionam condicionados a eventos temporais, os dados apresentam tempo de validade para serem usados. *Redundância:* comumente dados são gerados de maneira simultânea, por múltiplas fontes e por atividades executadas em paralelo. Muita duplicidade nos dados pode ocorrer na geração, talvez em diferentes versões ou formatos.

Se por um lado os esforços de pesquisa buscam dar sentido diferente para cada uma das áreas, Ciência dos Dados e Big Data, considerando os aspectos acima mencionados, por outro lado, as empresas em busca de novidades tecnológicas e competitividade as utilizam convenientemente como sinônimos. Isso faz sentido, somente, se for para melhorarem seus produtos e soluções e, assim, avançarem na qualidade da expertise de seus profissionais,

Embora muitos tenham consciência da utilidade dessa conveniência, há uma nítida percepção de que isso, somente, ocorre em situações onde prepondera os interesses de marketing e comerciais. As diferenças existentes entre essas duas áreas ficam bem claras nas aplicações práticas do dia a dia, a exemplo: *Ciência dos Dados* - objetiva criar e aplicar algoritmos que gerem soluções com a capacidade de capturar padrões e estruturas existentes dentro de complexos sistemas de dados, para fins de auxiliarem na execução inteligente de tarefas; *Big Data* - objetiva coletar e gerenciar grandes quantidades de dados, os mais diversos, para atender aplicações executadas em larga escala na Web e em grandes redes de sensores.

Ambas tem potencial para produzir valor agregado a partir de dados, mas a diferença fundamental reside ou está no fato de que coletar grande quantidade de dados não significa extrair valor descobrindo padrões e estruturas, o que constitui a principal razão de ser da Ciência dos Dados.

Diante da necessidade das empresas executarem seus projetos de implantação de infraestruturas que sejam práticas e tragam valor direto a seus usuários, muitas vezes extrair valor pode ser interpretado como aumento da coleta, ou seja, maior volume de dados maior a possibilidade de se obter algo mais valioso.

Na maior parte das situações, isso significa que os investimentos em atividades e dados se concentram mais em torno de ferramentas do que em abordagens. Essa inversão de se colocar a aquisição de ferramentas antes da formulação técnica-científica, tem levado as empresas a se municiarem de um conjunto enorme de ferramentas e pouco conhecimento sobre como extrair valor dos dados como o objetivo mais precioso.

Os ambientes de Ciência do Dados se provam serem eficientes na medida que permitem desenvolver a habilidade de combinar raciocínios de diferentes tipos, indutivos e dedutivos, obtendo novas descobertas e constituindo plataformas, ambientes e processos de inteligência com dados [*tradecraft*].

Como consequência dessa amplitude e abrangência, a Ciência dos Dados tem se tornado a confluência de várias disciplinas, que a caracteriza como uma área multidisciplinar, utilizando teorias, princípios, técnicas, atividades, processos e conhecimentos diversos.

Dados e informação tem permitido às empresas e organizações entenderem melhor seus clientes, produtos e processos, e de agirem com objetividade diante de suas atividades e de seu mercado.

Resumindo, a diferença entre as duas áreas reside no fato da Ciência dos Dados dispor de sistemas e processos capazes de explicar: - o que os dados significam no momento de uma análise, - prever o que eles podem representar no futuro para fins de uma tomada de decisão ou algum prognóstico; e não simplesmente interpretá-los.

Técnicas de Big Data, mesmo sendo úteis, voltam sua utilidade em desenvolver técnicas, processos e ferramentas como infraestruturas ágeis para armazenar e analisar os dados.

Complementando a Inteligência de Negócios

A Ciência dos Dados não substitui as funções da Inteligência de Negócios [*Business Intelligence*], pois as duas áreas apresentam objetivos correlatos, mas que tem potencialidades complementares e que trazem diferentes visões sob o que extrair dos dados, como ilustra a figura 1.14 .

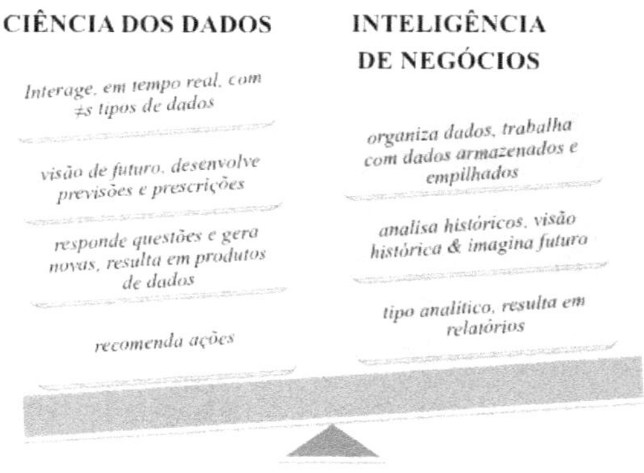

Fig. 1.1-4 Ciência de Dados e Inteligência de Negócios

A Ciência dos Dados atua sempre no dueto pergunta-reposta que agregue valor para a solução de um problema ou para uma atividade. Contrariamente, do que construir respostas a questões pré-formuladas, reportando fatos históricos, como ocorre na Inteligência de Negócios [1.5].

Outras atividades diferenciam as duas disciplinas,

estabelecendo um papel específico para Inteligência de Negócios como gerenciamento de dashboards, de dados e a produção de informação a partir destes. Enquanto que, reserva-se a Ciência de Dados, uma relação mais aprofundada com disciplinas como Estatística, Teoria de Grafos, Inteligência Artificial e ferramentas complexas para previsão e análises.

Tabela 1.1-1   Expertises e Competências Requeridas

Expertises e Objetivos	Competência Requerida
Gerenciamento de Dados: tratar grandes quantidades de dados estruturados, não estruturados, em batch ou streaming	*Armazenamento e Recuperação, Data Warehousing, Mashups, Big Data, Business Intelligence*
Analítica: tratar com diversos ambientes e ferramentas para: Visualização e Preparo de dados, Aprendizagem Automática (on/off-line)	*Aprendizagem Automática, Analítica Gráfica, Estatística, Modelagem Preditiva, Simulação, Modelos Analíticos, Inteligência Artificial, Neurocomputação*
Arte e Design: interação e visualização em tempo real de: gráficos, tabelas e grafos para demonstrativos visuais	*Visualização e Comunicação*
Técnicas Computacionais: processamento serial, paralelo, batch, streaming (de grandes volumes e variedade de dados) em tempo real	*Segurança Computacional, Programação, Computação em Nuvem, Sistemas Distribuídos, Engenharia de Sistemas e de Software*
Mercado [Growth Hacking]: abranger os diversos stackholders e clientes do negócio e produtos de dados	*Redes Sociais, Relações Públicas, Internet On-line*
Negócios: alinhar os objetivos da empresa ou instituição	*Engenharia de Produtos de Dados, Conhecimento do Negócio [Domínio de Aplicação]*
Ferramentas Tecnológicas: implantação, programação e implantação de softwares	*Facilmente contemporâneas – facilmente obsoletas*

A Ciência de Dados pode ser entendida como uma evolução da Inteligência de Negócios, que anteriormente focava no aspecto de entender qual o contexto do problema e que através de ferramentas e modalidades diversas de tratamento de dados, passou a conseguir fazer previsões e estimação de desempenho em diversas atividades e domínios de conhecimento.

Domínios de Expertise

A Ciência dos Dados tem se moldado para avançar o estado da arte, em diversos domínios do conhecimento. Pode-se identificar os mais pertinentes na tabela 1.1 -1.

Através de sofisticados processos, ferramentas analíticas, técnicas e algoritmos avançados e inovadores, se consegue fazer previsões e estimativas sobre situações a partir de um mínimo de processamento, acrescido com análises complexas de dados em massa, em uma escalabilidade intrigante e em tempo quase real [1.6].

2. Ciclo Funcional

Qualquer que seja o estado de sua evolução a Ciência dos Dados, a expertise em extrair valor e conhecimento de dados impõe uma abordagem sistêmica.

Dados em sua forma bruta não tem utilidade e não conseguir extrair valor deles os torna irrelevantes. Por outro lado, se os dados não apresentarem padrões que possam servir de referência para qualquer racional, também, os torna desnecessários. Para transformar qualquer dado em alguma forma de informação requer estudar as propriedades da fonte geradora e dos dados propriamente ditos. A partir dos potenciais encontrados, deve ser encontrado um procedimento apropriado, que possibilite, automaticamente, a extração pretendida.

A Ciência dos Dados, ainda, em processo de cristalização como área de pesquisa e desenvolvimento e de negócios, tem inovado e consolidado resultados de sucesso nesse sentido.

Muitas das organizações motivadas para envolverem a Ciência dos Dados em seus negócios, se deparam com a dificuldade de desconhecerem como planejar e executar os ciclos de vida de seus projetos.

Antes dos investimentos em infraestruturas, ou seja ao iniciarem o ciclo de vida de um projeto, resistem em prover a necessidade de contratarem especialistas, principalmente consultores, que possam identificar áreas de potenciais benefícios técnicos e operacionais.

Recomenda-se iniciar projetos, de maneira reduzida através de um ciclo de vida confinado a aplicações simples, cenários e ambientes de trabalho controlados. No caso de sucesso e resultados encorajadores, compatíveis com os planos e requisitos do negócio, pode ser pensado em executar outros ciclos de vida que abranjam mais atividades como extensão.

Executar as atividades de um ciclo de vida em Ciência dos Dados, consiste em encadear processos complexos que integram expertises, ferramentas e técnicas, sob um enorme grau de flexibilidade. Geralmente, esse grau de flexibilidade é determinado pela criatividade dos profissionais envolvidos, onde:
- mais dados é melhor do que aplicar múltiplos algoritmos,
- executar, rápida e iterativamente, várias vezes o mesmo ciclo de vida,
- os ciclos iniciam com a seleção de dados, extração de atributos das amostras, identificando os mais importantes e significativos, geração de hipóteses que possam se tornar modelos e a partir destes operacionalizar tarefas.

Mesmo tendo essas diretrizes de forma clara, dificuldades enormes surgem quando se está definindo que tipo de ciclo de vida aplicar. Embora, não haja um consenso sobre os elementos envolvidos, nem tampouco sobre as etapas e passos a serem executados, genericamente, a maioria dos tipos de ciclo de vida envolve uma sequência de quatro grandes fases [1.8], ilustradas na figura 1.2- 1: *Coleta, Preparo, Análise* e *Operacionalização*, e descritas, suscintamente, a seguir:

- *Coleta*

    as atividades desta fase focam na obtenção e ingestão da totalidade dos dados, identificados necessários para obter o produto de dado pretendido. Muitas das vezes a coleta se mostra muito árdua e de uma importância fundamental, pois requerem diferentes expertises para avaliarem a natureza, a tipologia, a qualidade e a adequação dos dados. Ciente de que dados gerados por diferentes fontes, geralmente, são desiguais e muitas vezes não compatíveis, a coleta de dados deve se restringir apenas aos dados que sejam realmente necessários e que tragam alto retorno em termos de valor agregado e de menor custo operacional. Para tanto, deve ser feito de maneira cuidadosa a:

    - inspeção das bases de dados, que já se dispõe e verificar o potencial destas na agregação de valor no ciclo atual e futuros;
    - procura por dados que não se dispõe e que agregariam valor relevante ao ciclo atual e futuros;
    - a aquisição de dados, sem impor restrição sobre a forma que se apresentam: estruturado, não estruturado e semiestruturado.

Todas as equipes devem ser envolvidas e auxiliarem nessa tarefa, inclusive aquelas alocadas nas outras fases, pois a finalidade é a identificação de quais dados coletar. Ponderar, sempre, entre os dados necessários e os já adquiridos. Embora, o lema quanto mais dados melhor esteja permeado no subconsciente das equipes, evitar ao máximo adquirir grandes volumes, procurar ser eficiente e otimizar os custos do ciclo.

A ingestão, a qualificação e as ferramentas de acesso devem possibilitar a disponibilização, sempre que possível, do conjunto máximo dos dados. Evitar que as fases posteriores tenham acesso somente a algumas amostras. Como contraponto, considerar os custos e o tipo de envolvimento que as equipes possam ter sobre o armazenamento, a manutenção e a propriedade dos dados, principalmente, quando estes estiverem sob a responsabilidade de terceiros, sejam internos ou externos.

Ser municiado de uma flexibilidade judiciosa no tocante aos fatores mencionados, de maneira a implicar sempre na expansão dos conjuntos de dados, com o objetivo de se obter a maior diversidade, mesmo que isso signifique um aumento na complexidade dos sistemas e dos processos envolvidos. Considerar, sempre, a situação e as circunstâncias envolvidas na geração dos produtos de dados e os requisitos do projeto.

- *Preparo*

parte importante do restante do ciclo, depende de como os dados são disponibilizados. As atividades nesta fase focam, então, em arranjar que todas as variedades e todos os conjuntos de dados estejam acessíveis para análise. Esse preparo envolve definir ambientes, ferramentas de software e expertises, de forma que a acessibilidade a todos repositórios, internos e externos, maximize a utilização dos dados.

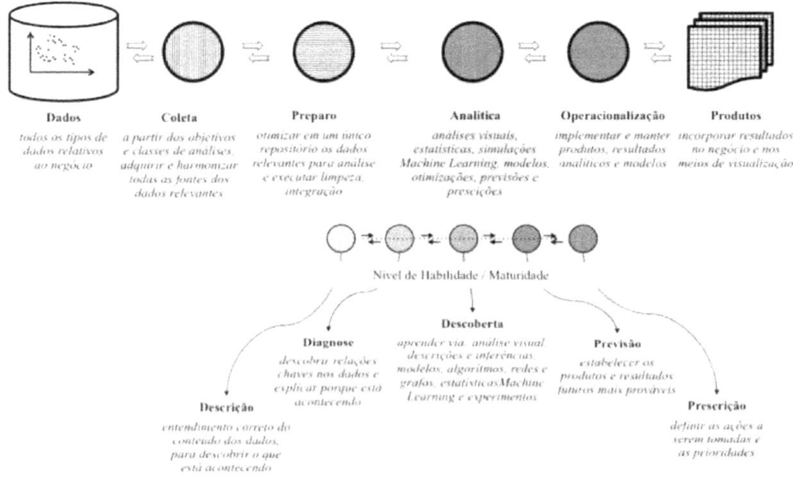

Fig. 1.2-1 Ciclo de Vida de Ciência dos Dados e Analítica

Essa maximização se dá na medida que, na preparação, os diversos repositórios sejam vistos como um único e imenso repositório, onde os dados podem ser acessados de uma única vez.

Esses requisitos tem se traduzido, quando há possibilidade, no conceito de *Lago de Dados* [*Data Lake*], cujo funcionamento conceitual tem surgido da comparação com o processo de preenchimento e uso das águas de um lago, onde a água [múltiplos e diversificados arquivos de dados: e-mails, spreadsheets, conteúdo de redes sociais, arquivos, imagens, vídeos, áudios, ferramentas, base de dados estruturadas, etc.] flui para dentro de um reservatório. Esse reservatório fica a disposição de seus utilizadores, até que as análises sejam executadas e depois deve se fazer um esvaziamento do reservatório, através de um fluxo de fuga da água, retirando os dados analisados do contexto da análise. Esse processo potencializa a capacidade de peneirar ou filtrar todos os dados, rapidamente, para tentar descobrir algo não explorado.

- *Analítica*

como a principal e mais complexa fase do ciclo, abriga um grande número de atividades iterativas, como mostrado na figura 1.2- 2.

Atividades, na sua maioria, apoiadas por ferramentas e recursos computacionais bastante avançados e sofisticadas como: *Machine Learning, Redes Neurais e Deep Learning*, oferecem a oportunidade de extrair de maneira inteligente a informação e conhecimento necessário a resolução do problema objetivo. Essas ferramentas, quando automatizadas, estabelecem a forma na qual os computadores aprenderem para auxiliar na tarefa de análise. Atuam sobre a totalidade dos dados disponibilizados, tentando encontrar padrões e associações que sejam significativas para a geração dos produtos de dado almejados. Deve ser realçado que existe uma diferença importante entre análise e analítica. Essa diferença deve ser bem entendida para não afetar os objetivos e as atividades envolvidas nesta fase.

Análise é o processo de separação do todo (problema, objetivo, meta) em partes componentes para fins de um estudo detalhado de cada parte. Analítica é uma metodologia voltada para análise lógica da situação. Por exemplo, análise está voltada para a obter um visão detalhada do que aconteceu, enquanto que Analítica olha o todo, passado, presente e futuro, potencializando estimativas, previsões de resultados e de futuras situações.

Em outras palavras, a Analítica define o racional, as táticas e estratégias a serem utilizadas para aplicar análises de diferentes tipos. Na Analítica há uma intenção de encontrar, através de diferentes avaliações, o entendimento da situação, as funcionalidades envolvidas, o comportamento e as operações que os dados informam e avaliar os riscos e as potenciais oportunidades existentes.

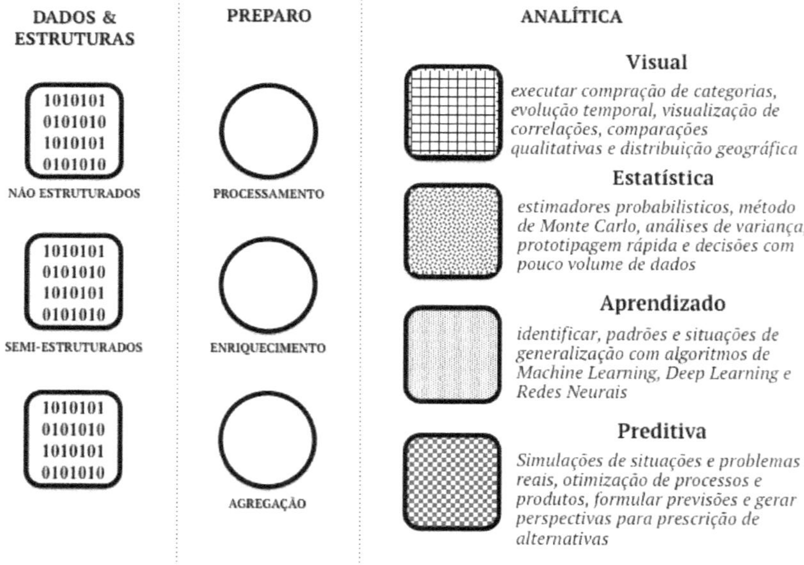

Fig. 1.2-2 Analítica e Atividades Componentes

Ser reativo em tempo real para resolver problemas, tem imposto que esta fase seja cada vez mais importante, pois impõe a necessidade de se obter e utilizar um produto de dados num tempo cada vez mais curto. Esse requisito é uma consequência natural da capacidade limitada de recursos humanos envolvidos para descrever, descobrir, prever e aconselhar.

Essa limitação tem sido o motor propulsor para a utilização de processos automatizados cada vez mais avançados. O ciclo da Analítica, também, não dispõe de uma normalização ou padronização, mas em geral tenta iterativamente responder uma sequência lógica de perguntas do tipo:

" *o que aconteceu ou está acontecendo?* "

através de ferramentas visuais e de estatísticas obtém-se uma *descrição* ou sintetização do que ocorre, a partir dos dados brutos, uma vez que estes podem indicar e/ou tornar de alguma forma interpretável a situação.

Estas descrições são úteis, pois podem permitir que se aprenda de comportamentos passados e que se consiga compreender como tais comportamentos podem influenciar futuros resultados. Mais ainda, podem possibilitar a obtenção de visões globais do problema, como uma forma de avançar na Analítica. Exemplos típicos são relatórios que fornecem informações ou dicas encontradas no histórico de dados, de clientes, inventários, finanças, vendas, operações e produção, enfim sobre o passado do contexto do problema ou negócio.

" *por que aconteceu ou está acontecendo*?

diagnose da situação e tentativas de explicação sobre o porque dos eventos e acontecimentos, fundamentada em padrões, relacionamentos e associações de causa e efeito, contribuem muito para a objetividade da Analítica.

" podemos aprender do que aconteceu ou do que foi encontrado?

como *descoberta* do que aconteceu, as atividades desta natureza buscam explicar e aprender incorporando as razões das situações encontradas via diferentes hipóteses, modelos e ferramentas, como entrada dos processos de aprendizagem.

*" o que deveríamos fazer?" *

responder estes tipo de questão implica em empenhar-se em fazer a *predição de valores* e a *prescrição de alternativas*, que, por expor um grau de dificuldade maior, tem levado a utilização de algoritmos sofisticados de *Machine Learning, Deep Learning e Redes Neurais*. A expectativa de conseguir gerar previsões para contextos e situações futuras e extrair respostas para perguntas especulativas, em geral, é atendida com grau de incerteza altamente dependente do contexto. Como um campo ainda novo de pesquisas e experimentações, o objetivo da prescrição tem sido estabelecer racionais automatizados para gerarem um conjunto de possíveis ações. Estas ações devem, por sua vez, potencializar o direcionamento na elaboração da previsão do que pode acontecer, mas também sugerir porque os eventos podem acontecer e fornecer por consequência uma recomendação sobre futuras ações a empreender.

A iteratividade dentro da Analítica beneficia muito a aquisição de competência por incrementos de experiência. A maturidade pela acumulação de experiências implica, por sua vez, num crescente de complexidade, uma vez que envolve a consolidação e encadeamento de hipóteses, que pela prática se tornam modelos de sucesso. Quanto mais Analítica se consegue empreender, maiores são os benefícios, dado que esta fase possibilita um melhor entendimento da dinâmica do ambiente do negócio, se conhece os fatores que afetam o desempenho deste e se obtém maior retorno dos investimentos nas infraestruturas e nos dados.

Como consequência gerencial do negócio, há um ganho de otimização nos custos e melhora na eficiência das operações e dos processos, além de conseguir estimativas melhores e antecipações sobre ações que possam vir a ocorrer no ambiente do negócio. Detectar e efetuar mudanças antecipadas, leva a gerenciar melhor os riscos nas decisões e propor melhorias nos processos organizacionais.

Existem algumas situações que a Analítica não se mostra aconselhável ou apropriada. Por exemplo, quando não há tempo hábil para que todas as análises sejam feitas, ou não há ainda dados precedentes, ou quando o histórico de dados não corresponde a realidade, o que pode conduzir a erros ou distorções. Além disso, pode incorrer em orientações não convenientes, quando especialistas em Analítica são muito mais experientes e melhores em fazer determinados tipos de decisão do que qualquer processo automatizado ou semi automatizado. A Analítica com a presença de tais especialistas passa a ser questionada, dado que estes podem interferir inconscientemente nos resultados.

Outro fator, não menos importante, se refere as variáveis que descrevem os fenômenos/atividades atreladas ao negócio. Quando estas não podem ser quantificadas e não se consegue medir confiança por não existir referências, a

Analítica não se prova eficaz. Sempre ter em mente que há necessidade constante de buscar consistência nas novas descobertas, verificando se estas reconfirmam o passado.

Para articular uma Analítica completa, independentemente da meta ou do objetivo analítico, há necessidade de considerar:

- a natureza dos dados com os quais as análises são conduzidas,
- os tipos de análises, realmente necessárias e apropriadas, para gerar o produto requerido,
- como incorporar e operacionalizar os resultados dos algoritmos de aprendizagem,
- como estes resultados podem evoluir, e
- como operacionalizar ou automatizar os resultados dentro da Analítica, para que se obtenha respostas em tempo hábil ou tempo real.

Ter em mente que a Analítica não é um objetivo em si, mas um procedimento a ser praticado iterativamente para obter melhorias e refinamentos a cada iteração.

- *Operação*:

fase de onde são engendradas e planejadas as ações a serem executadas, a partir dos resultados da Analítica. Focam na elaboração de resultados e suas apresentações, realçando os produtos de dados como a base de tudo. Clareza e entendimento são os qualificadores maiores.

Depende muito da habilidade dos especialistas em perceber, intuir ou formular ideias, percepções e visões [*insights*], além de praticidade de operar os resultados de maneira convincente. Os resultados devem sempre ser apresentados na forma mais quantificável possível e evidenciados através de padrões, tendências e exceções, de fácil identificação e explicação.

Tabela 1.2-1   Racionais Aplicáveis em Diferentes Fases da Analítica

Tipo de Analítica	*Situação*
Descoberta	*quando a questão a ser respondida envolve descobrir as relações chaves que existem nos dados, o objetivo pode ser:* *- segmentação dos dados em subconjuntos que sejam naturalmente afins, no espaço dos atributos* *- encontrar ou ver como determinar quais variáveis são importantes*
Previsão	*quando a questão a ser respondida envolve definir quais são os prováveis resultados a serem esperados, objetivando identificar:* *- situações onde há necessidade de prever a qual grupo, classe ou categoria um item pertence;* *- quando há necessidade de prever, com certa precisão, o valor futuro de alguma grandeza ou variável.*
Prescrição	*quando a questão ou os fatores envolvidos demandam por identificar: qual caminho ou decisão tomar, que situações se pode identificar o melhor curso de ação, desde que o objetivo possa ser expresso através de uma lista de alternativas, ou prioridades ou graus de aplicabilidade*

Na Ciência dos Dados a criatividade e o espírito investigativo se concentram mais na concepção, desenvolvimento e operacionalização de soluções avançadas.

Objetivando a identificação e reconhecimento de padrões e associações, não explicitas, os especialistas utilizam da Analítica para que estes fiquem evidentes ou se tornem protagonistas nos mais diversos cenários e evidenciem relações de causa – efeito.

No caso de Analítica os racionais que usam ferramentas de aprendizagem tem facilitado atingir resultados de maior aplicabilidade, dependendo da natureza do problema, como exemplifica a tabela 1.2-1.

Na premência de obter resultados que elevem os seu nível de competitividade e importância relativa, os especialistas que dominam as abordagens e tecnologias associadas, tem sido cada vez mais valorizados profissionalmente.

3. Papel dos Algoritmos

Os algoritmos de *Machine Learning, Redes Neurais e Deep Learning* tem se provado de grande potencialidade dentro da Analítica e demonstrado muita utilidade nas atividades voltadas às análises, previsões e prescrições.

Fundamentados em princípios de inteligência automática, as técnicas oriundas sob estes termos são frequentemente confundidas com aquelas apresentadas sob o título de *máquinas inteligentes*, embora exista uma diferença conceitual clara e sobreposições no uso das mesmas classes de algoritmos. Delineiam esforços de pesquisa e desenvolvimento que procuram atribuir um certo grau de inteligência aos computadores, de maneira que consigam aprender a partir de dados, permitindo alguma interação humana.

Na Ciência dos Dados os algoritmos expressam capacitação desenvolvida especificamente para tarefas que, em geral, envolvam tomadas de decisão, aproximação de funções, descoberta de novidades, previsões e prescrições. Por outro lado, *máquinas inteligentes* considerada uma área onde o objetivo maior tem sido construir entidades autônomas capazes de observar, coletar dados do ambiente, atuar nesse ambiente e fazer decisões como fazem os humanos.

Abordagens para os problemas de Ciência dos Dados tem sido sobre a análise de grandes e diversificadas quantidades de dados, apresentados em diferentes estruturas e formatos, que possibilitam a confecção de programas complexos, suscetíveis a falhas e cujos resultados podem levar a considera-los aderente a mimificação do comportamento humano na resolução de problemas.

Para desenvolver, descobrir ou aplicar algoritmos que aprendam funções, pretendidas de serem solução de algum problema, no contexto da Ciência dos Dados, deve-se dispor de especialistas munidos de uma metodologia técnico-científica eficaz. Tanto para aplicação na Analítica como em Máquinas Inteligentes, os algoritmos tem sido desenvolvidos dentro de uma ótica que permite considerá-los como pertencentes a Ciência dos Dados.

Conseguir *fazer com que uma máquina aprenda* constitui um ciclo em si, onde as atividades tem uma lógica própria, advinda de uma conceituação própria e tendo a prática municiada de diversas ferramentas computacionais, ainda em consolidação. No entanto estas devem auxiliam em: *identificar o conhecimento a ser aprendido, definir como esse conhecimento deve ser representado* e *como esse conhecimento deve ser aprendido.*

A habilidade dos algoritmos em aprender soluções baseadas em dados, tem se tornado o mecanismo de referência para soluções que necessitam buscar identificar e reconhecer de padrões e associações com a finalidade de construir inteligência a partir de sua própria experiência.

Dentro desse contexto, explicar *como máquinas aprendem* tem o propósito de abordar os fundamentos e as funcionalidades dos algoritmos, atualmente, propostos sob os temas *Machine Learning (clássico), Redes Neurais* e *Deep Learning*.

Como essa finalidade o livro apresenta nas seções do Capítulo 2 os conceitos básicos e fundamentos matemáticos que constituem o ambiente no qual os principais algoritmos de aprendizagem são concebidos e executam suas funcionalidades. Este inclui um conjunto bastante específico de temas, como: *coleta e preparo dos dados, espaço de hipóteses de solução, métricas de desempenho, mecanismos de busca por uma hipótese ótima, capacidade representacional de uma hipótese, treinamento como procedimento de busca, validação e teste de hipóteses candidatas, significado de generalização, polarização e variância de uma hipótese solução, importância da validação cruzada.*

Sem grande aprofundamento matemático, pois muitos dos algoritmos estão ainda sob a égide de pesquisa, no *Volume II* do livro são apresentados aqueles considerados como os mais importantes sob a denominação *Machine Learning* convencional como: *Regressão, Regularização, Aprendizagem por Exemplares, Regenerativos, Semi Supervisionado, Arvores de Decisão, Aprendizagem Por Reforço, Aprendizagem Bayesiana, Agrupamentos, Regras de Associação e Máquinas de Suporte Vetorial.*

Dada o histórico de sucesso e importância científica o Volume III aborda as *Redes Neurais Artificiais*, considerados como algoritmos de aprendizagem mais avançados e sofisticados, onde os seguintes tópicos são abordados: *Modelo de Neurônio, Tipos de Redes, Perceptron e Regra Delta, Multi Camada de Perceptrons, Funções de Base Radial, Atraso Temporal, Modelo Elman, Modelo Jordan, Dupla Recorrência,*

Hetero Associativas, Modelo Hopfield, Máquinas Restritas de Boltzman, Redes Recorrentes Bidirecionais e Mapas Auto Organizáveis.

Como uma extensão das *Redes Neurais*, os algoritmos de maior sucesso sob o tema *Deep Learning* são, também, apresentados nesse volume, sob os seguintes tópicos: *Multi Camada de Perceptrons Aprofundada, Redes Convolucionais, Memórias de Longo-Curto Prazo e Redes de Crenças.*

Dado o fato de que muitas das soluções de Deep Learning recorrem ao encadeamento de diversas redes, nesse mesmo volume o tema *Ensembles,* é abordado como alternativa de composição de algoritmos de aprendizagem.

Neste volume uma seção de Epílogo é apresentada, oferecendo uma síntese do estado da arte metodológica, que expressa numa visão simples *como máquinas aprendem.*

Referências

1. Michio, Kaku. Physics of the Future: How Science Will Shape Human Destiny and Our Daily Lives by Year 2100. New York, NY: Doubleday, 2011.
2. Verbeten, K. Visual Analytics Lecture, Faculty of Science, Vrije Universiteit Brussel,. Brussel, 05 09, 2014.
3. "http://blog.yantrajaal.com." http://bit.yl/pm-datascience (accessed 04,08, 2017).
4. How big is a petabyte, exabyte or yottabyte? What's the biggest byte for that matter? 03 17, 2017. https:www.zmescience.com/science/how-big-data-can-get (accessed 05 24, 2018).
5. How is Business Intelligence Different from Data Science. 08 10, 2017. https://analyticsindiamag.com/business-intelligence-different-data-
5.1. science/ (accessed 12 08, 2017).
6. Hayes B. Four Data Science Imperatives for Customer Success management. 03 18, 2017. http://www.appuri.com/blog/four-data-science-imperatives-for-custormer-success-management/ (accessed 01 21, 2018).
7. Shannanhan J. G. How Data and Data Science are revolutionizing the World. Large Scale Distributed Data Science using Spark. San Francisco, CA, 11 16, 2016.
8. Demystifying Data Science with and Intro to Machine Leanring. 2016. http://cacm.acm.org/blogs/blog-cacm/169199-data-science-workflow-overview-and-challenges/fulltext.

Capítulo 2

Aprendendo com Dados

1. Conceitos e Aplicabilidade

Inspirado no ser humano, que tem como uma das mais importantes características de sua inteligência, a habilidade de aprender, os esforços científicos e tecnológicos sob as denominações de *Machine Learning, Redes Neurais* e *Deep Learning,* objetivam estudar, pesquisar e desenvolver técnicas, metodologias e algoritmos que consigam dotar computadores ou máquinas computadorizadas com tal capacidade.

Aspectos práticos impõe restrições às conceituações existentes dificultando-as de serem objetivas, no sentido de que qualquer técnica engendrada seja transformável em algoritmos implementáveis via programas de computador.

Uma vez implementados, os algoritmos deveriam possibilitar compor sistemas que funcionem de maneira automática, com pouca ou nenhuma intervenção humana e que os resultados obtidos fossem explicáveis e repetíveis.

Esses requisitos envolvem uma complexidade que nasce junto com a definição do que vem a ser "aprender" para um computador. Esforços diversos tem sido despendidos ao longo dos anos, para se obter uma definição, abrangente, inquestionável e amplamente aceitável.

Muito tem sido avançado, como pode ser constatado nos exemplos bastante referenciados, citados na tabela 2.1- 1, que pela suas diferenças oferecem uma noção do grau de dificuldade encontrado.

A definição apresentada na última linha da tabela 2.1- 1, uma das mais recentemente propostas, talvez seja a mais utilizada por ser uma definição suficientemente genérica, sintética e pragmática. Constituída por um conjunto lógico de conceitos esta possibilita a especificação, o desenvolvimento e a aplicação de algoritmos de aprendizagem.

Para tanto, a definição se resume em realçar que um programa C aprende a partir de:
- *um conjunto de experiências E, onde em cada uma delas se executa a tarefa T (e.g. classificação, regressão, agrupamento, otimização, aproximação), e*
- *uma métrica de desempenho P (e.g. precisão, acurácia, erro, entropia, etc),*

se seu desempenho diante de tais tarefas T, quando medido pela métrica P, o programa C melhora seu desempenho a cada experiência a qual é submetido.

Tabela 2.1-1   Conceituações sobre Aprendizagem

Autor	Conceituação	Tradução
Hebert Simon (2.1)	Learning denotes changes in the system that are adaptive in the sense that they enable the system to do the same task or tasks more efficiently and more effectively the next time.	Aprendizagem indica mudanças no sistema, que sejam adaptações no sentido de permitir a este sistema fazer a mesma tarefa ou tarefas da forma mais eficientemente e mais eficazmente na próxima vez.
Marvin Minsky (2.2)	Learning is making useful changes in the working of our mind.	Aprendizagem é fazer mudanças úteis no funcionamento de nossa mente.
R. Michalski (2.3)	Learning is constructing or modifying representations of what is being experienced.	Aprendizagem é construir ou modificar representações do que está sendo vivenciado.
Tom Mitchell (2.4)	A program is said to learn from experience E with respect to some class of tasks T and performance measure P, if its performance at tasks in T, as measured by P, improves with experience E.	Um programa é dito aprender de uma experiência E, com respeito a alguma classe de tarefas T e uma medida de desempenho P, se seu desempenho nas tarefas T, quando medido por P, melhora com a experiência E

O que é uma tarefa *T*

Os algoritmos de aprendizagem, de maneira genérica, dotam computadores com a capacidade de realizar tarefas complexas, que usualmente são muito difíceis de serem resolvidas com o apoio de programas convencionais.

O procedimento de aprendizagem de uma tarefa T não deve ser considerado e nem confundido com a execução dessa tarefa, mas deve ser entendido como o meio ou processo pelo qual se adquire a habilidade ou capacidade de realizá-la.

Para descobrir esse processo passa, então, pela questão de saber como a tarefa é realizada. Uma das formas de determinar como uma tarefa T pode ser executada é através de um processo de solução aproximada.

Para tanto, o objetivo é encontrar uma função hipotética, denominada de *função hipótese* ou simplesmente *hipótese*, que tenha a habilidade de aproximar uma função-alvo desconhecida, que supostamente executa ou representa tal tarefa.

Do ponto de vista científico ou filosófico essa assertiva tem uma atratividade, pois o sucesso deste tipo de metodologia, que pode explicar *como uma máquina aprende* uma tarefa T pode, também, ajudar no entendimento dos princípios e alicerces da inteligência humana na execução do mesmo tipo de tarefa.

Dessa maneira, a tarefa T a ser aprendida se transforma no problema de determinar uma *função hipótese h* , supostamente, idêntica ou uma aproximação útil da função-alvo f, desconhecida que seja responsável pela execução da tarefa T.

A determinação da hipótese h se dá única e exclusivamente através de indícios que são explicitados nas amostras dos dados coletados sobre a função-alvo, no contexto ou do ambiente onde a tarefa T é realizada.

O paradigma mais comumente usado para a aprendizagem da tarefa T, é o da inferência *indutiva* [2.5], que garante no máximo que a *função hipótese h*, como aproximação da função-alvo f, seja aprendida apenas dentro do conjunto de experiências E sob as quais é submetida. No caso as experiências são representadas ou caracterizadas pelas amostras, do domínio e contradomínio da função-alvo f.

Na falta de qualquer conhecimento a priori sobre f ou h, assume-se como premissa que a melhor *função hipótese h* é aquela que potencialmente atua melhor sobre as amostras obtidas do conjunto de experiências E. Mais ainda, que atue, também, melhor diante de novas amostras representantes das experiências futuras, notadamente, execuções inéditas da tarefa T, como funcionando em um processo indutivo.

Essa inferência indutiva tem sido praticada pela maioria dos algoritmos de aprendizagem, porque apresenta uma série de vantagens, embora acompanhadas por uma série de efeitos desvantajosos, minimizados por práticas ad-hoc.

Em suma, a premissa de inferência indutiva assegura que qualquer hipótese h, gerada ou escolhida como a melhor aproximação da função-alvo f desconhecida, se quando submetida sobre um conjunto suficientemente grande de experiências E , conseguir aproximar a função-alvo f apresentando um determinado desempenho P, consiga também o mesmo desempenho P , ou seja ainda melhor, quando submetida a outras experiências totalmente inéditas.

Quando se propõe uma função hipótese, se está na verdade propondo um *espaço de hipóteses* H. Então, pode-se dizer que um espaços (conjunto finito ou infinito) de hipóteses, como bases representacionais, podem ser gerados por diferentes estruturas matemáticas ou lógicas.

Uma ou mais hipóteses, dependendo da capacidade de

aproximação que apresentam e do desempenho relativo, podem se tornar modelos computacionais utilizáveis para executar tarefas T de diferentes naturezas.

Deve ser esclarecido que uma mesma função hipótese h pode tomar diferentes funcionalidades, dependendo da especificidade da tarefa T a ser executada, como ilustra a lista que segue e os exemplos da figura 2.1-1, bastante utilizáveis na Analítica:

- *Classificação*
- *Classificação de Objetos Parciais ou Recuperação de Informação*
- *Aproximação* (Interpolação e Extrapolação/Previsão)
- *Transcrição* (Tradução, Reconhecimento de: Caracteres, Voz e Fala)
- *Tradução* (Linguagem Natural)
- *Estruturação de Objetos* (Legenda de Vídeos)
- *Detecção de Anomalias* (Fraudes em Cartão de Crédito)
- *Regeneração de Objetos, Imagens e Fala*
- *Estimação de: densidades de probabilidade (variáveis contínuas) ou probabilidade (eventos discretos)*

Dado que uma experiência E constitue no único meio de informação para aprendizagem, extrair valor de uma experiência E, teoricamente, significa obter conhecimento a partir das amostras dos dados, geradas pela função-alvo f desconhecida, durante a execução da tarefa T.

49

Fig. 2.1-1 Analítica, Tarefas e Situações Aplicáveis

Definição de Medida de Desempenho P

Avaliar a habilidade ou capacidade de uma hipótese h em aproximar uma função-alvo f desconhecida, executora de uma tarefa T, depende de resolver um problema de transposição de referências.

Considere que se dispõe apenas das amostras geradas

nas experiências E , quando a tarefa T é executada, repetidamente, pela função-alvo f desconhecida. Nesse caso pode-se, com certa facilidade estabelecer uma medida quantitativa para o desempenho da hipótese h, no seu papel de aproximação. No entanto, há a necessidade de se utilizar do conceito de transposição para avaliar o desempenho da aprendizagem de uma hipótese h, ou seja, usar uma *medida indireta* que, supostamente, expresse através de algum índice a realidade que acontece na execução da tarefa T.

Usualmente, cada medida de desempenho P é específica para um determinado tipo de tarefa T. Para algumas tarefas medir a acurácia de uma hipótese h pode ser a melhor medida de desempenho, para outras não faz sentido nem medir a acurácia ou tampouco a taxa de erro.

Mesmo que uma métrica possa parecer direta e objetiva para implementar uma medida de desempenho, frequentemente, se mostra difícil obter uma métrica que quantifique a importância dos acertos e erros cometidos, durante as experiências E . Para complicar essa métrica consegue diferenciar entre os erros e acertos ocorridos nas aproximações feitas durante a aprendizagem e todos aqueles outros que possam ocorrer nas experiências da realidade posterior (quando a melhor hipótese aprendida é considerada como modelo utilizável)?. Assim, aplicar uma métrica, significa avaliar continuamente a hipótese h em todas as experiências que seja submetida.

Resultados das experiências E

Uma experiência E contempla a geração e coleta de resultados da realidade, através de amostras que representam, delineiam a natureza, o tipo e a quantidade de evidências que se tem sobre a função-alvo f desconhecida.

Quando se trata da execução de tarefas T em contextos e ambientes estáveis, as amostras podem constituir conjuntos estáveis de quantidades fixas. Por outro lado, quando se tem iteratividade com o ambiente e a cada iteração se gera um conjunto de amostras a serem coletadas, então, a quantidade de amostras pode variar.

O tipo de amostras reflete, também, o tipo de experiência E, através da forma na qual se dá a geração e coleta. Por exemplo, acompanhar experiências através de supervisionamento implica em controlar. Alternativamente, pode haver situações onde não existe supervisão alguma, como no caso de experiências que implicam na coleta de amostras geradas por sensores estáticos, que monitoram ambientes totalmente sem controle, onde tarefas complexas são conduzidas e que resultam na geração variável de amostras.

Não há uma definição formal (cada um pode ter a sua) sobre tarefas T, ambientes e paradigmas de acompanhamento e de aprendizagem. Tampouco existe uma taxonomia consolidada sobre tipos de experiências E e respectivos tipos de amostras. Classes de experiências E conseguem ser descritas de maneira bastante específica e atreladas ao tipo de tarefa T.

Quando aplicar algoritmos de aprendizagem

Apesar de ser uma conceituação um pouco limitada para aprendizagem, isto é, usar hipóteses que conseguem ter desempenhos cada vez melhor na aproximação da realidade, quando na execução de tarefas, descobrir quando aplicar algoritmos de aprendizagem, parece ser uma dificuldade mais crítica.

Aproximar uma função-alvo f executora de uma tarefa T, através de algoritmos de aprendizagem representa resolver uma dificuldade técnica sobre *conhecer o desconhecido*.

Este obstáculo, na prática, pode ser contornado se conseguirmos identificar que a tarefa T, na sua essência, tenha três componentes:

- *existência de dados*

  amostras representam o conhecimento mínimo necessário sobre a função–alvo, para que uma solução do problema via algoritmos de aprendizagem seja viável. A não existência destes implica não haver como determinar uma função hipótese h, que seja a melhor aproximação para excução da tarefa T.

- *se existe padrões nas amostras da função-alvo*

  deve ser procurado se existe algum padrão dentro do conjunto de amostras resultantes de experiências E verídicas na execução da tarefa T. Caso não exista nenhum padrão, então, nada pode ser encontrado e não é apropriado o emprego de algoritmos de aprendizagem.

- *não se consegue modelar lógica ou matematicamente*

  caso exista um ou mais padrões e seja verificado que não existe função analítica (lógica ou matemática) a ser proposta para identificar ou reconhecer algum destes padrões, então, se tem uma situação bastante propícia para o emprego de algoritmos de aprendizagem.

Ciclo de Aprendizagem

Identificar essas condições, anteriormente citadas, deve ser um dos primeiros e mais importantes passos antes de iniciar qualquer esforço na solução de problemas, via algoritmos de aprendizagem.

Se por um lado não é evidente identificar essas características, pode se afirmar que uma vez encontradas, a abordagem via aprendizagem, tem grande chance de ser muito útil, principalmente quando:

- não existe expertise humana para realizar determinadas tarefas de inteligência e reconhecimento de padrões, principalmente quando se tem à disposição, para aprendizagem, grandes quantidades de amostras da função-alvo, ou
- humanos não são capazes de efetuar reconhecimento de padrões de forma exaustiva, ou ainda,
- identificar associações entre amostras e situações, que embora existam, mas não são explicitas e se demonstra ser um problema complexo.

Empregar um ciclo de aprendizagem requer observar a semelhança com o comportamento humano como referência, dado que aprender de experiências passadas significa acumulo de inteligência.

Um programa de computador que demonstre a capacidade de melhorar seu desempenho a cada experiência a que é submetido, tem maior capacidade de aprender e apresenta um maior potencial para acumular inteligência.

Para entender como funciona a aprendizagem, independentemente da técnica ou algoritmo aplicado, é importante entender a lógica que norteia a sequência de atividades que compõe o seu ciclo.

Para uma compreensão macro do conceito do ciclo, segue sua síntese em forma diagramática, na figura 2.1- 2, que explicita um conjunto mínimo de atividades componentes.

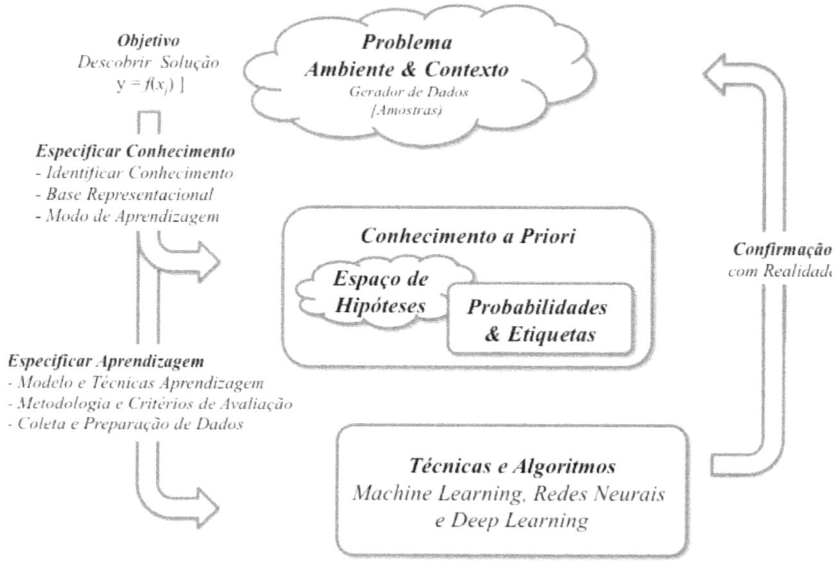

Fig. 2.1-2 Principais conceitos no ciclo de aprendizagem

Embora tenham uma característica sequencial, não necessariamente requerem que sejam conduzidas de tal forma:

- *Especificar Problema*:
  - *descrição das componentes da tarefa T*, executada pela função-alvo desconhecida *f*, que se quer aproximar,
  - *especificação do ambiente e das condições nas quais as experiências* E, geram as amostras da função-alvo e eventuais evoluções temporais. Estes aspectos, incluindo os da coleta,   devem ser especificados e

identificados para ser factível a reprodução das tarefas e de todo ciclo.

- *Especificar Conhecimento*:

- *identificação do conhecimento a priori*: importantes para a solução do problema, como estruturas, padrões, aleatoriedades e probabilidades das amostras e de suas classes de pertinência,
- *definição da base de representação*: como polinômios lineares e não lineares, modelos gráficos, arquiteturas de redes neurais, máquinas de suporte vetorial, entre algumas a citar. A base de representação será responsável pela geração do espaço de hipóteses que deve ser explorado, com o objetivo de encontrar a melhor hipótese para aproximar a função-alvo,
- *definição do paradigma de aprendizagem*: depende do tipo de problema a resolver (tarefa executada pela função-alvo) e das amostras geradas. Por exemplo, quando se tratar de tarefas de classificação sob amostras obtidas em experiências controladas, ou seja, supervisionadas, melhor usar paradigmas de aprendizagem supervisionada,
- *definição da modalidade da execução da tarefa, da aprendizagem e operação*: especificar como devem ser usadas as atividades, em tempo real ou diferido.

- *Especificar Aprendizagem*:
- *definição de modelos, algoritmos e técnicas* que tenham grande potencial em gerar hipóteses apropriadas para a execução da tarefa, em aproximando a função-alvo,
- *definição de metodologias e critério de avaliação do desempenho* das hipóteses, geradas pelas bases

representacionais, que estão sendo utilizadas pelos algoritmos. Quanto melhor for o índice de desempenho de um algoritmo, melhor a aprendizagem e a qualidade dos resultados,

- *definição dos processos de coleta e preparação das amostras*, zelando sempre pela qualidade.

A diversidade de abordagens, técnicas e algoritmos tem relação direta com a conceituação empregada para *representar* e *aprender* o conhecimento envolvido. Essa questão cognitiva tem sido fruto de estudos nas mais diferentes disciplinas do conhecimento humano, como exemplifica a síntese da tabela 2.1- 2. Pode ser notado que todas as ideias e ferramentas emergentes tem como objetivo comum compreender os mecanismos, que impulsionam a aprendizagem e traduzi-los em programas computacionais.

Aprender a resolver problemas, através de algoritmos de aprendizagem, assim como evoluir o comportamentos destes diante de amostras coletadas em futuras experiências, caracteriza um paradigma de solução de problemas, diferente do que se tem utilizado aplicando a programação convencional.

Implementar algoritmos, via programação convencional, que representem uma determinada técnica, impõe processar dados como entrada e obter uma saída. Esta saída deve, rigorosamente, satisfazer os requisitos definidos e da especificação da aplicação, como valores, categorias, símbolos, etc, se o objetivo for alcançar as funcionalidades desejadas para o programa resultante.

Tabela 2.1-2   Classes de abordagens para aprendizagem

Visão	Fundamentos
Bayesiana	*Representação*: modelos gráficos *Avaliação*: teoria da probabilidade e estatísticas, utilizando amostras de variáveis aleatórias, com distribuição de probabilidade desconhecida *Otimização*: decisão baseada na probabilidade a posteriori *Resultados*: modelos de inferência estatística com capacidade de generalização baseada em decisões sobre probabilidades a posteriori
Simbólica	*Representação*: lógica, filosofia e inteligência artificial com o objetivo de desenvolver algoritmos para adquirir conhecimento humano *Avaliação*: métricas baseadas no desempenho de humanos *Otimização*: baseada no princípio de dedução inversa *Resultados*: modelos dedutivos que tenham capacidade de explanação do raciocínio aplicado
Analogia & Psicologia	*Representação*: modelos de suporte vetorial, oriundos da psicologia que propõem modelar o desempenho humano em diferentes tarefas de aprendizagem *Avaliação*: margens de tolerância *Otimização*: busca em espaço de parâmetros *Resultados*: modelos que funcionam sob o princípio da prática melhorar o desempenho
Conexionista	*Representação*: modelos inspirados na Neurociência, tendo elementos não lineares e entradas ponderadas simuladores dos modelos biológicos de neurônios *Avaliação*: discrepâncias com referências conhecidas, medidas por erros quadráticos *Otimização*: técnicas de busca no espaço de parâmetros, via gradiente descendente *Resultados*: modelos computacionais de redes neurais, justificadas no comportamento biológico e utilizam o princípio da prática melhorar o desempenho
Evolucionista	*Representação*: princípios da Biologia Evolucionista que visam modelar certos aspectos da evolução biológica *Avaliação*: capacidade de adaptação a novas situações *Otimização*: busca em estruturas denominadas de genética *Resultado*: algoritmos que evoluem com as condições e dados
Computação e Controle	*Representação*: modelos analíticos da Teoria de Controle, Teoria da Complexidade Computacional *Avaliação*: medidas de convergência e aproximação *Otimização*: técnicas de busca combinatória ou continua, dependendo do tipo de problema *Resultados*: modelos que utilizam conhecimento a priori e buscam a otimização de medidas de desempenho

A programação convencional internaliza a implementação algorítmica da técnica, dá respostas para o maior conjunto possível de dados de entrada e de situações especificadas, assumindo que se está resolvendo o maior número de tarefas (situações). Nesse caso não existe índice de desempenho a ser avaliado para cada tarefa executada, nem tampouco avalia se o programa aprende do comportamento passado de forma recorrente e iterativa.

Quando há um volume enorme de dados de entrada e não há uma especificação completa ou abrangente sobre o conjunto de situações potenciais, que descrevem todas as situações que o algoritmo deve encontrar, resolver um problema via programação convencional pode se tornar uma atividade altamente complexa.

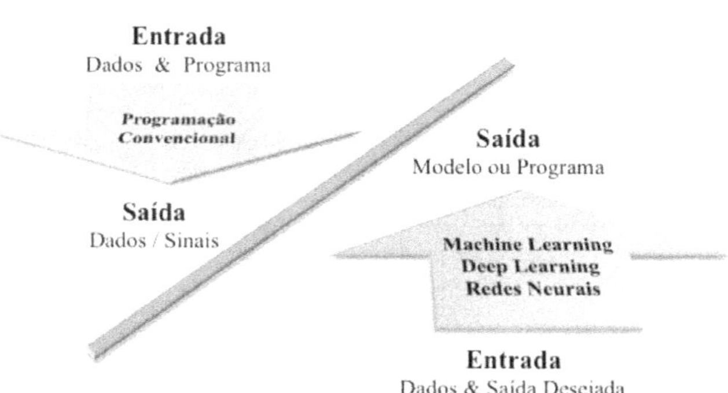

Fig. 2.1-3 Programação convencional e algoritmos de aprendizagem

59

Por outro lado, como mostra a figura 2.1-3, através de um diagrama bastante ilustrativo da literatura [2.5], há uma diferença grande entre usar um algoritmo de aprendizagem em comparação com a programação convencional.

Essa diferença fica muito clara quando se tem a finalidade de desenvolver ou aplicar um algoritmo que aprende a partir de experiências (amostras de dados), esperando que este obtenha como resultado final, ou saída, uma função hipótese que seja a solução do problema.

Uma função hipótese, que aproxima a função-alvo desconhecida, uma vez aprendida pode ser, então, considerada como candidata a modelo de solução a ser usada pelo computador para ser aplicado em futuras situações.

Essa aplicação representa, dentro do conceito de *solução indutiva*, uma generalização do conhecimento requerido para executar tarefas da classe aprendida. Pode ser aplicado quantas vezes for necessário, diante de amostras totalmente novas que sejam geradas por qualquer nova experiência de execução da tarefa aprendida. Neste ponto, deve ser entendido que seu papel passa a ser o de modelo de solução, face a qualquer nova situação.

Na programação convencional cada vez que houver uma evolução do problema, haverá a necessidade de atualizar o programa desenvolvido, para que este ofereça uma saída consistente com essa evolução. Teoricamente, isso está resolvido nos algoritmos de aprendizagem, pois foi internalizado o conhecimento necessário para solução do problema e se não foi, basta utilizar novas amostras que representem essa evolução, sem necessidade de qualquer alteração de linha de código.

A grande dificuldade da abordagem por algoritmos de aprendizagem está na capacidade de aprender, a partir de amostras. Na verdade, reside no fato de que não havendo amostras que representem todos os comportamentos possíveis e que completem todo o conhecimento necessário para a solução do problema, não há como dizer que se tem a solução completa do problema. Isso acontece porque mesmo dispondo de grandes volumes de amostras (maior possível) que descrevam a função-alvo f, não se consegue coletar todos os potenciais comportamentos desta. Na prática isso conduz a não cobrir todas as relações de entrada e saída (causa e efeito).

Para superar essa dificuldade os algoritmos de aprendizagem devem mostrar a capacidade de generalizar comportamentos, o máximo possível. Essa capacidade de generalização, consequência do conceito de aprendizagem indutiva, capacita os algoritmos de aprendizagem a apresentarem comportamentos inteligentes e obter sucesso em situações completamente novas.

1.1. Paradigmas

Na diversidade de entendimentos sobre o que *vem a ser aprendizagem* a partir de dados, tem sido proposto pelos meios científicos, algumas formas de aprendizagem que levaram a diferentes técnicas e algoritmos. Essas técnicas e seus respectivos algoritmos, atualmente, podem ser agrupados sob diferentes perspectivas, dependendo do que significa aprendizagem e sob a forma na qual esta acontece [2.7]:

Supervisionada

Pode-se dizer que um algoritmo de aprendizagem é supervisionado, quando este oferece a capacidade de gerar uma função hipótese h, tendo conhecimento em alguns pontos (amostras) do domínio e relação deste com pontos (amostras) do contradomínio. Deve ser considerado que a função hipótese h deve aproximar o comportamento da função-alvo f desconhecida, de maneira global.

Na aprendizagem supervisionada as amostras de f utilizadas para aprendizagem, incluem valores da entrada (domínio) e de saída (contradomínio). Tem-se assim uma observação completa da situação, em termos dos dados de entrada de tarefa em execução e da saída gerada quando essa tarefa é executada.

Saber aproximar f, no sentido amplo, envolve dispor da capacidade de fazer inferência indutiva do seu comportamento na presença de novas amostras. Numa situação ideal os algoritmos supervisionados conseguem determinar, para cada nova amostra (valores do domínio de f) desconhecida, os valores mais bem aproximados do contradomínio de f.

Quando se trata de executar uma tarefa de estimação de preços de carros, as amostras de dados incluem valores de preço de carros aplicados no mercado, como saídas desejadas. Associado a estes valores de saída, deve haver como entradas as características importantes, que usualmente são usadas pelos especialistas do mercado, para definir o estado do carro, como: quilometragem, idade, marca, etc.

A figura 2.1-4 ilustra um exemplo de aprendizagem supervisionada para uma função desconhecida f, onde as amostras são valores coletados de um único atributo, no caso a_i.

Comumente, a aprendizagem supervisionada é usada em tarefas nas quais dados históricos contém informação suficiente para previsão de prováveis acontecimentos futuros.

O paradigma supervisionado tem sido muito útil quando se consegue coletar amostras que, mesmo contaminadas de ruídos e incertezas, transportam informação importante da função desconhecida f (a ser aproximada). Esta informação tem carregam aspectos intrínsecos de f, que possibilitam prever com certa probabilidade valores para situações onde se realiza experiências inéditas.

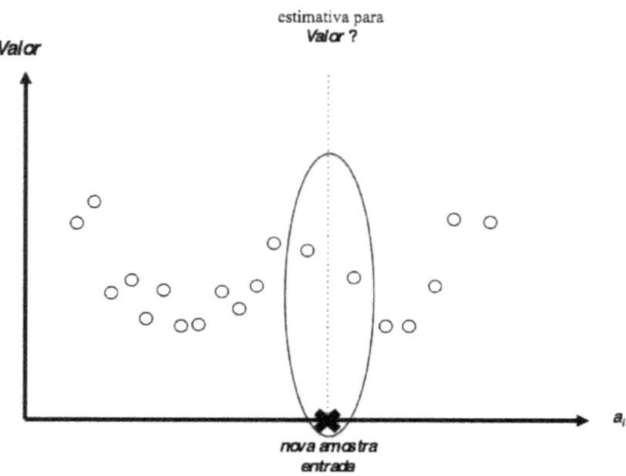

Fig. 2.1-4 Aprendizagem Supervisionada

Alguns dos algoritmos mais importantes ou conhecidos dessa classe são: *k-Nearest Neighbors,*
Regressão (Linear e Logística), Naïve Bayes, Support Vector Machines (SVMs), Decision Trees, CART, Multi Camadas de Perceptrons (MCPs) [2.8].

Não Supervisionada

O termo *não supervisionado* significa encontrar hipóteses que aproximam funções-alvos que executam tarefas com a habilidade de encontrar estruturas, padrões, classes ou categorias não explicitas, ou não identificadas diretamente nas amostras dos dados, portanto, ainda não etiquetadas por nenhum especialista antes de qualquer processamento.
Mesmo se as amostras geradas por uma função-alvo, por

exemplo de classificação, não contém nenhuma informação sobre classe ou categoria a que pertencem, um algoritmo não supervisionado, tem o potencial de extrair informação sobre seus potenciais agrupamentos. Estes podem significar uma classificação ou categorização correta ou não. A aprendizagem desse tipo pode, então, extrair informação que compense eventuais distorções e levar à uma solução desejada.

Em outras palavras, os algoritmos de aprendizagem não supervisionada se diferenciam dos supervisionados, por estarem abertos a identificar o que está escondido ou explicar algumas características importantes das amostras.

O princípio destes algoritmos versa em organizar, no espaço de atributos, as amostras em grupos afins que possam ser diferenciados de alguma forma ou discriminados como padrões. Topologicamente, significa separar ou aglutinar amostras com propriedades ou atributos similares.

Há no máximo um controle sobre esse processo de organização, via um dos seguintes parâmetros que pode ser: - número de classes, - grau de similaridade entre amostras, ou - dissimilaridade entre classes diferentes. A finalidade é não se vincular a nenhum grau de supervisionamento.

Para exemplificar a utilidade destes algoritmos, imagine uma situação simples onde se tem disponível uma quantidade de amostras, que representam o número de visitas feitas a um determinado website. Cada uma das visitas é descrita por dois atributos (a_1, a_2). Com a aplicação da técnica não supervisionada há a possibilidade de gerar uma hipótese capaz de detectar e identificar grupos entre os visitantes, de forma que os indivíduos de cada grupo possuam características similares. Assumindo que os atributos (a_1, a_2) sejam, por exemplo, idade e faixa salarial dos visitantes, uma técnica qualquer não supervisionada pode levar a repartição de um conjunto de amostras de visitantes em grupos, cujos elementos tenham algum grau de similaridade, como exemplifica a figura 2.1- 5.

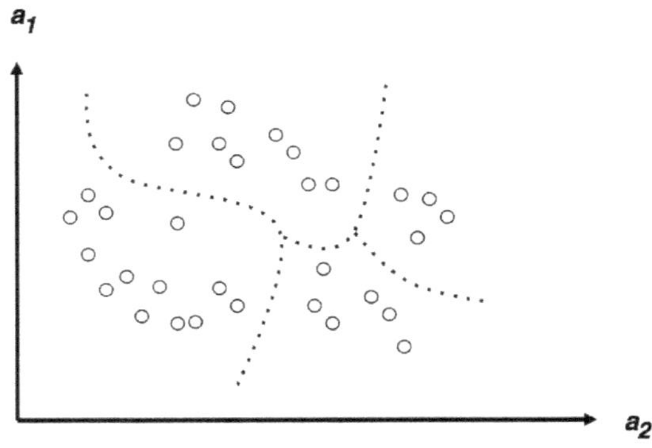

Fig. 2.1-5 Aprendizagem Não Supervisionada

Algoritmos de aprendizagem não supervisionada há muito tempo tem sido estudados e implementados na literatura pelo nome de: *Clustering k-Means, Hierarchical Cluster Analysis, Association Rule Learning e Apriori Eclat, Self-Organizing Maps e Neural Networks*, para citar alguns [2.9].

Semi Supervisionada

Como uma extensão dos algoritmos supervisionados, os semi supervisionados tem praticamente quase as mesmas características de base. A diferença reside no fato de que utilizam tanto dados etiquetados e não etiquetados. Resolvem um grande problema prático de custos, através da astúcia de utilizarem uma pequena quantidade de amostras etiquetadas e uma grande quantidade de não etiquetadas, como ilustra figura 2.1- 6.

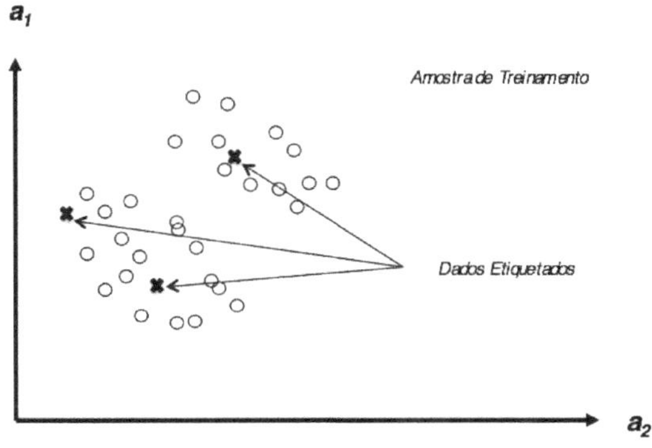

Fig. 2.1-6 Aprendizagem Semi-Supervisionada

Como amostras etiquetadas são de maior custo, por requerem diferentes expertises na geração, coleta e validação dos dados, em geral, se utiliza uma menor quantidade delas. Enquanto, as não etiquetadas necessitam de um menor esforço para serem geradas e coletadas, portanto são de menor custo e podem ser usadas com maior abundância.

Essa questão de redução de custos se torna muito importante, pois o processo de etiquetagem de um conjunto de amostras, às vezes, leva os projetos à inviabilidade financeira.

Havendo a possibilidade de concentrar os custos mais na aquisição de conjuntos de amostras não etiquetadas, os projetos podem se tornar relativamente mais factíveis.

Os algoritmos semi-supervisionados dispõe de um mecanismo funcional, que pode fazer uso desse conjunto misturado de amostras, sempre com o intuito de obter um desempenho melhor. Para tanto, pode se necessário, ou de interesse, jogar com as possibilidades de descartar amostras não etiquetadas e fazer aprendizagem supervisionada ou, de outra forma, descartar as etiquetadas e fazer uma aprendizagem não supervisionada.

Este paradigma de aprendizagem tem se tornado cada vez mais utilizado em diferentes campos do conhecimento, devido a quantidade enorme de dados não etiquetados que são disponibilizados.

Pode-se, facilmente, imaginar uma aplicação desse tipo de algoritmo nos serviços de reconhecimento de pessoas em imagens. Por exemplo, na medida que as imagens são carregadas em um website, algoritmos semi-supervisionados automaticamente reconhecem pessoas que aparecem nas imagens, separando-as em pessoas familiares (com certa semelhança) e não familiares (totalmente diferentes).

Para tanto, esses algoritmos não supervisionados recorrem aos dois agrupamentos (clustering) produzidos ao longo do tempo. Isso acontece na seguinte lógica. No momento em que o website demanda por uma etiquetagem de pessoas, automaticamente o website começa a ter a capacidade de identificar pessoas etiquetadas dentro dos conjuntos de imagens denominadas de familiares. Para isso o website utiliza o usuário para fazer o papel de especialista supervisor, pedindo que este atribua etiquetas à algumas pessoas em poucas imagens, apenas dando um nome para cada pessoa identificada.

Nesse ponto o website está habilitado a identificar e reconhecer e atribuir nomes as pessoas em qualquer imagem que seja carregada, pelo usuário ou dentro de uma determinada região onde o usuário reside. Além disso, o website pode pesquisar em toda a rede, para tentar encontrar imagens onde as pessoas já etiquetadas apareçam, ou selecionar imagens que contenham pessoas com características similares as etiquetadas.

A figura 2.1- 6 ilustra a etiquetagem de algumas poucas amostras, como o primeiro passo de uma aprendizagem semi-supervisionada. Estas amostras etiquetadas podem servir de base para refinar uma aprendizagem não supervisionada, num segundo passo, a fim de identificar potenciais classes ou agrupamentos existentes. As amostras etiquetadas podem servir para separar todo o conjunto de amostras não etiquetadas, segundo algum critério de similaridade ou dissimilaridade, como ilustra a figura 2.1- 7.

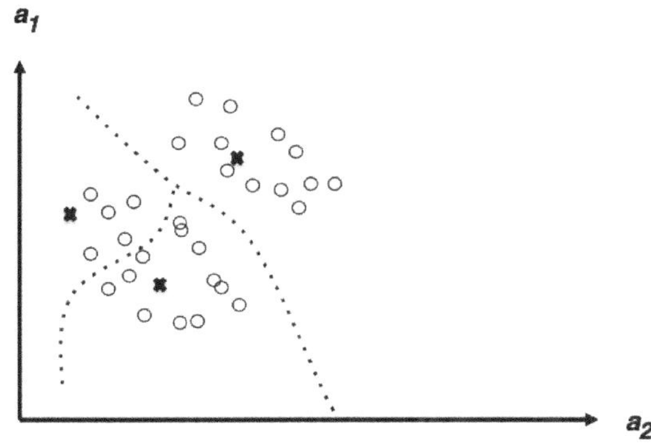

Fig. 2.1-7 Aprendizagem Semi-Supervisionada.

Esse tipo de algoritmos tem bastante atratividade por produzir hipóteses que aproximam funções-alvos representativas de tarefas de classificação, regressão e previsão, quando se dispõe de grandes quantidades de dados [2.10].

Alguns estão sendo, atualmente, propostos sob a nominação *Deep Learning* (*Redes de Crenças*), que usam *Máquinas*

Restritas de Boltzmann para aprendizagem não supervisionada e *Multi Camadas de Perceptrons* para a supervisionada.

Por Reforço

A aprendizagem *por reforço* é um conceito um pouco diferente da supervisionada. Se caracteriza mais como uma derivação desta, porque aprende a partir de um conjunto de amostras e usa de conhecimento específico indireto sobre a natureza do comportamento da função-alvo, como uma espécie de indicativo de supervisionamento. Cada amostra inclui uma indicação indireta sobre a qualidade da aproximação que está em curso. Essa indicação utiliza apenas o resultado de um qualificador, que foca no quanto a resposta está correta ou próxima da correta durante a aprendizagem.

Esses algoritmos tem grande potencial para serem utilizados em tarefas de classificação, aproximação, otimização ou controle [2.11]. Se concentram na busca de ações corretas diante de amostras coletadas durante as experiências nas quais se executa uma determinada tarefa. Depende, assim, de amostras e algum conhecimento a priori. Tem se provado adequados em tarefas que requerem a necessidade de aprender por interação (quanto mais melhor) com o ambiente, onde as amostras são geradas a medida que o algoritmo interage com o ambiente.

Difere da aprendizagem não supervisionada, que objetiva descobrir estruturas e padrões escondidos em amostras não etiquetadas. A aprendizagem por reforço tem a capacidade de extrair valor das amostras, avaliando o melhor compromisso entre pesquisar/procurar e explorar. A cada passo, para encontrar uma ação ou uma decisão, as muitas ações/decisões ainda não usadas são examinadas, na tentativa de verificar, antecipadamente, o compromisso entre *pesquisa e especulação*, para utilizar o máximo de conhecimento a priori e fazer a melhor seleção de futuras ações. Na fase de *exploração e execução* seleciona no curto prazo as ações de maior potencial, mesmo que estas levem para insucesso total, pois está sempre visando o melhor resultado no longo prazo, isto é o resultado final da execução da tarefa.

Conseguem modelar uma variedade grande de tarefas, dependendo do nível de conhecimento a priori disponível, por exemplo quando se tem:

- conhecimento completo e preciso do ambiente e sua dinâmica. ou
- conhecimento parcial sobre o ambiente, necessitando de abordagens mais elaboradas que possam resolver, de forma aproximada, a aprendizagem da tarefa.

1.2. Modalidades

Os algoritmos de aprendizagem tem características bastante específicas herdadas de seus paradigmas, que são adaptadas ao modo temporal da aprendizagem.

Duas modalidades temporais existem dependendo da maneira desejada para a aprendizagem [2.12] se desenvolver:

Por Pacotes (Batch)

Serve para situações onde há uma inviabilidade de processar em tempo real as amostras da função-alvo. Por exemplo, quando se requer processar todo o conjunto de amostras para, posteriormente, efetuar algum passo de aprendizagem. O grande volume de amostras impõe uma demanda muito grande tempo de processamento e de recursos computacionais. Estes processamentos só podem ser realizados em tempo diferido (*off-line*) em relação ao tempo de geração e coleta das amostras.

Dependendo da tarefa existe um problema prático relacionado com a rápida obsolescência dos resultados da aprendizagem. Isso acontece muitas vezes por causa do dinamismo no qual as tarefas são executadas, onde uma nova experiência envolve fontes geradoras que estão, continuamente, a gerar novas amostras. Pelo fato de cada amostra trazer alguma informação nova, ainda não contemplada até aquele instante no processo de aprendizagem, o algoritmo de aprendizagem não teve a oportunidade de extrair valor e incorporá-lo nas suas hipóteses e, assim, não consegue apropriadamente modelar a função-alvo. Para inserir a nova informação há necessidade aplicar todo um ciclo de aprendizagem, que potencialize a seleção da melhor hipótese que, por sua vez, incorpore o valor extraído da nova amostra.

Essa novo ciclo de aprendizagem deve considerar não somente as novas amostras, que trazem novas informações, mas também as antigas já utilizadas, de forma que todas constituam um único conjunto amostras, sobre o qual o algoritmo de aprendizagem, harmoniosamente, potencializa todas as potenciais hipóteses.

Embora, atualmente, se disponha de ambientes computacionais de grande capacidade, que permitem a automação de ciclos de aprendizagem, estes ainda não conseguem processar os algoritmos em tempo real. Necessitam serem processados em *modo batch*, uma vez que estão sempre sendo submetidos a uma sequência contínua de novas amostras.

No caso limite onde se dispõe de grandes quantidades de dados e estes sofrem atualizações em prazos muito curtos de tempo, todos os dias ou em horas e a tarefa exige uma atualização autônoma dos algoritmos, a melhor sugestão é recorrer a modalidade *incremental*.

Incremental (Online)

Neste modalidade, a aprendizagem contempla duas diferentes alternativas: - alimentação individual de cada amostra, quando se quer emular todo o processo de tempo real, que inclua desde a geração, aprendizagem e aplicação; ou - disponibilizar pequenas quantidades de amostras, processando-as em tempos bastante curtos (*mini-batches*), mas que não são em tempo real. Pode ser conveniente usar da astúcia de combinar as duas modalidades, ou seja, utilizar inicialmente uma aprendizagem em tempo diferido (*Batch*), para posteriormente aplicar a incremental, na medida que as amostras comecem a chegar em tempo real, como ilustra a figura 2.1 8.

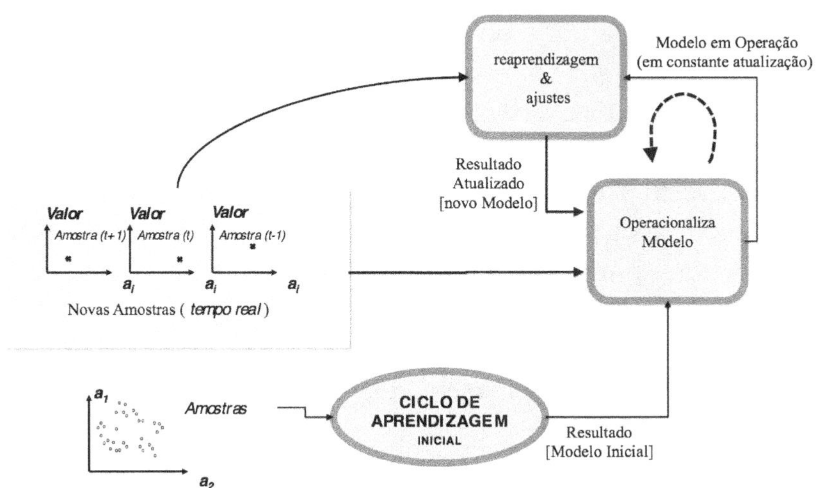

Fig. 2.1-8 Combinado de Modalidades: Batch e Incremental

Nesta modalidade se tem a vantagem do armazenamento só ser requerido quando existir a necessidade de voltar alguns estados no tempo, ou seja, voltar para algum ciclo anterior na aprendizagem. Isso, em geral, é aplicado a fim de analisar o papel de determinadas amostras e avaliar as correspondentes influências na aprendizagem, como uma espécie de *"playback"* do processo.

Sem ter que armazenar as amostras, a modalidade incremental requer volumes muito menores de amostras e menos armazenamento. Muito útil em circunstâncias onde não se dispõe de muito espaço de memória nos recursos computacionais, mas conta com uma grande quantidade de amostras.

Outro benefício da modalidade incremental está voltado a possibilidade de gerar e adequar algoritmos a cada amostra, sem ter que guardar todo o ambiente de trabalho, descartando-os a cada ciclo.

Como uma extensão da incremental, está a situação na qual contamos com grandes bases de dados, que astuciosamente podem se transformar em sequências de amostras, que podem ser processadas por incrementos, em vez de utilizá-las todas em modo *batch*. Nesse caso, todo o ciclo de aprendizagem se dá de forma incremental, bastando particionar as bases de dados em mini-batches, com a finalidade de se encaixarem nas capacidades de armazenamento disponível.

2. Especificando Conhecimento

Algoritmos de aprendizagem podem ser considerados a base de inteligência para uma máquina adquirir a habilidade de executar uma tarefa complexa, ou modelar um fenômeno.

Isto significa que na presença de desconhecimento ou inexistência de uma função analítica, se consegue avançar o conhecimento humano em questões totalmente novas, atuando de maneira investigativa na construção de respostas, usando experiências diversas, onde se gera amostra de dados e pode-se recorrer a intuição humana.

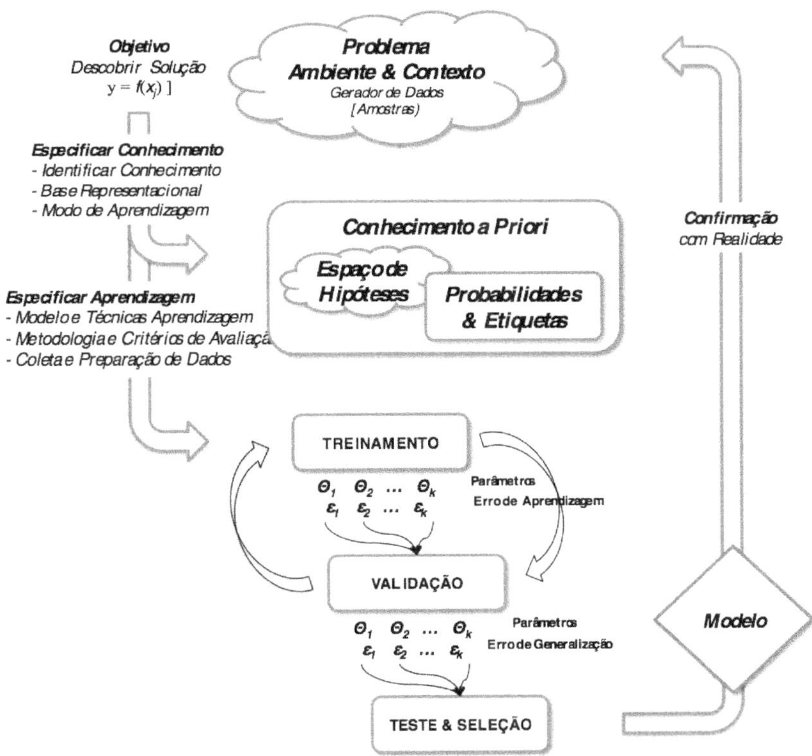

Fig. 2.2-1 Fases da Aprendizagem Automática e Iterações

Se consegue fazer uma formalização metodológica para conceber ou aplicar algoritmos de aprendizagem. Para tanto, devem ser executadas uma série de atividades, que ao longo dos anos foram se consolidando como úteis para incorporar tal inteligência dentro dos computadores.

Na figura 2.2- 1, como uma versão mais detalhada da figura 2.1- 2, se tem uma visão funcional das principais fases de um ciclo de vida de aprendizagem, sob o qual os algoritmos de aprendizagem, em geral, são submetidos.

prática, os aspectos sequenciais sugeridos nessa visão topológica do ciclo de aprendizagem, podem não serem respeitados, ou seja o ciclo pode ser permeado de idas e vindas (loops) entre fases e atividades.

Deve ser entendido que ao final de um ciclo de vida se gera o conhecimento necessário ou se obtém, em geral, como resposta funções complexas, que podem ser denominadas de modelos como respostas à questões, também, complexas. Isso se as condições pré-estabelecidas no conjunto de conceitos, processos, procedimentos e algoritmos forem satisfeitas.

As atividades descritas no diagrama são detalhadas ao curso das próximas seções.

Para estabelecer um ciclo de vida que conduza a geração de tal conhecimento eficaz, algumas questões devem ser previamente respondidas, de modo que se obtenha uma metodologia consistente, habilitadora de condições para uma máquina aprender.

Quatro diferentes questões se tornam pontos centrais e norteadoras que, uma vez respondidas, possibilitam a *especificação do conhecimento,* necessário para obter o resultado solução:

- *Qual é o conhecimento a ser aprendido?*
- *Como este conhecimento é para ser representado?*
- *Como este conhecimento é para ser aprendido e como se*

mede o quanto foi aprendido?

As próximas duas seções tratam da *Identificação e Representação* do conhecimento, que são fundamentais para responder as duas primeiras questões e empreender os esforços corretos na busca da melhor solução.

2.1. Identificação

Identificar o conhecimento necessário para resolver um problema se torna uma dificuldade em si, caso não se consiga formulá-lo corretamente.

Em geral, esse conhecimento vem parcial e distribuído nas amostras da função-alvo e nas predefinições do contexto de aprendizagem, que são as únicas referências que se dispõe como definições a priori, como por exemplo: *espaço* e *classes de hipóteses* e *probabilidades a priori*.

Formular um problema ou definir corretamente as atividades a serem executadas, vem a ser o primeiro dos esforços, que envolve especialistas do domínio, pois dispõe de ampla experiência, o que é fundamental. Esse envolvimento possibilita combinar expertises, intuições e habilidades analíticas, importantes para propor uma formulação clara e precisa do problema.

O tempo despendido nesta atividade sempre traz retornos importantes, pois pode implicar numa grande economia de tempo nos passos posteriores. Portanto, os líderes de projeto não devem deixar de dar atenção e de analisar o problema sob as seguintes diferentes questões:

- *Qual é o Problema*
  Formular descrições, formais e informais, dos detalhes mais importantes que caracterizam o problema, listando as

premissas e os problemas similares. Descrever, suscintamente, se o problema em algum dos seus fragmentos implica em reconhecer padrões ou associações.

- *Porque o problema necessita ser resolvido?*
Listar todas as motivações que levam para a necessidade de uma solução via algoritmos de aprendizagem, os benefícios que a eventual abordagem pode trazer e como pode ser utilizada.

- *Como pode ser uma solução do problema?*
Descrever como o problema seria resolvido sem algoritmos de aprendizagem, apontando se existe (ou não) ou se é conhecida uma solução analítica, lógica ou matemática.
Modelos do ambiente onde as atividades e experiências são executadas devem ser bastante conhecidos, mesmo que sejam complexos o suficiente para não existir uma solução analítica.
Apontar se existem amostras em quantidades suficientes para detalhar o comportamento das tarefas, ou que sejam úteis para modelagem de uma potencial solução, que envolva descobrir, detectar, identificar ou reconhecer padrões e associações.
Sempre que possível transcrever a descrição do problema numa terminologia apropriada para caracterizá-lo, ou melhor especificá-lo, com requisitos que deixem claro as necessidades.
Deve haver as primeiras avaliações qualitativas sobre as amostras representativas da função-alvo executora das tarefas, quaisquer que estas sejam: aproximação, classificação, reconhecimento, predição, otimização ou qualquer outra classe funcional.
O intuito é saber se há potencialmente um conjunto de

algoritmos de aprendizagem, que consiga descrever o fenômeno ou tarefa, parcialmente ou na sua íntegra.

2.2. Representação

O conhecimento pode ser expresso por diferentes representações, como sintetizado na tabela 2.1-2 , dependendo da origem da abordagem assumida. Essas representações são dotadas de diferentes capacidades e habilidades no tocante a geração e estruturação dos espaços de hipóteses. Cada uma delas oferece um potencial maior ou menor de aprendizagem e, por consequência desempenho em aproximar uma função-alvo.

A capacidade representacional tem sua raiz no conhecimento a priori sobre o espaço e as classes de funções hipótese e pode ser considerada a ferramenta principal da aprendizagem, uma vez que potencializa a capacidade de aproximar a função-alvo f. Intuitivamente, quanto melhor a aproximação, mais fiel e acurada deve ser a execução da tarefa.

A capacidade representacional, na verdade, justifica a finalidade ou a escolha de determinados tipos de algoritmos de aprendizagem em detrimento de outros. Lembrando que essa capacidade deve permitir encontrar a hipótese que representa melhor a função-alvo f desconhecida, ou alternativamente, pelo menos melhor aproxima o comportamento da função alvo face as amostras geradas.

Exercendo o principal papel, as hipóteses escolhidas refletem a extração de valor ou de conhecimento relevante a partir das amostras, que pelas suas capacidades representacionais possibilitam reconstruir o comportamento da função-alvo, após a aprendizagem.

Pela importância e incidência desses conceitos, no restante das seções dos volumes I, II e III do livro, um detalhamento destes é apresentado a seguir:

- *função-alvo*:
é a função realidade desconhecida, cujo comportamento representa um fenômeno ou tarefa. Deve ser considerado que aprender se trata de modelar, representar e aproximar essa função.
Simbolicamente descrita por $f(*)$, onde $(*)$ significa o conjunto de variáveis dependentes, diretas e indiretas, que pode ser explicitadas conforme a necessidade.

- *hipótese*:
é uma função gerada por uma base representacional definida por estrutura matemática ou lógica, com a expectativa de ser uma aproximação fiel da função-alvo $f(*)$.
Representada simbolicamente por $h(*)$ as funções hipóteses podem recorrer a diferentes bases de representação para serem geradas. Por exemplo, para aproximar uma tarefa de *classificação*, pode- se gerar diferentes classes de hipóteses usando diferentes bases representacionais como: *SVM, Arvores de Decisão, Naíve Bayes ou Redes Neurais*.
Uma hipótese pertencente à uma determinada classe, em geral, é definida por um conjunto de parâmetros. Quanto maior for o número de parâmetros, maior a complexidade da classe, maior a sua capacidade representacional e, também maior a flexibilidade de representação.

- *classe de hipótese*:
conjunto de hipóteses que apresentam a mesma tipologia ou complexidade. A complexidade é indicada pelo número de parâmetros requerido pela representação.
- *modelo*:

os algoritmos devem apresentar elementos que, sob um procedimento inteligente, encontrem através de um mecanismo de busca e um critério de avaliação, a hipótese de melhor desempenho.

Em geral, se dispõe como fonte de conhecimento ou estímulo apenas um conjunto de amostras, obtidas de experiências que executam, repetidamente, a tarefa T repetidamente, durante a aprendizagem. Após o ciclo de aprendizagem os algoritmos devem ter como saída uma hipótese final, teoricamente, a melhor aproximação conseguida para a função-alvo f. Essa hipótese pode, então, ser denominada de *modelo,* se tornando o conteúdo computacional que deve ser processado pela máquina, como a inteligência necessária para que esta execute tarefa T, em todas as experiências futuras, com a expectativa de que estará executando a melhor representação da função-alvo f.

-   *parâmetros*:
    são os descritores estruturais das hipóteses. São utilizados pelas diferentes bases representacionais, como valores de controle, sobre os quais os diversos mecanismos de busca atuam, sob algum critério de otimização. A busca é uma tentativa metodológica de encontrar um conjunto de valores, que descrevam a melhor hipótese, no sentido de uma quantificação de desempenho de aproximação.

    A busca ocorre por pesquisar de maneira adaptativa os valores dos parâmetros. Essas adaptações podem ser interpretadas como consequência direta da extração de valor das amostras da função-alvo, uma vez que são feitas por alguma regra que os relaciona.

    Por exemplo: os *coeficientes* de uma função hipótese, representada por um polinômio (linear ou não linear) tem o potencial de gerar um espaço de hipóteses de diferentes graus de complexidades. Podem ser modificados através de um mecanismo de busca, sob um critério de otimização. A cada adaptação acaba por gerar uma hipótese diferente, ainda pertencentes ao espaço de hipóteses, que pode estar estruturado em classes de hipóteses de diferentes complexidades. Neste caso, a hipótese gerada pode pertencer a uma das diferentes classes, portanto apresentar uma complexidade específica.

O procedimento de modificação dos valores dos parâmetros, usualmente, continua até que o mecanismo de busca encontre uma hipótese, denominada candidata a ser a melhor quando aplicada sobre as amostras da função-alvo, pois devem produzir a melhor medida de desempenho. Essa visão mostra a importância que tem os parâmetros no processo de aprendizagem.

Em muitas situações a busca pela melhor hipótese pode ser eficientemente conduzida aproveitando-se da estrutura naturalmente existente no espaço das classes de hipóteses, considerando três componentes: *base de representação como estrutura ou organização que empreende a aprendizagem, critério de avaliação de desempenho das hipóteses geradas pela base representacional* e *o mecanismo de busca* ou *regra de otimização*.

Definir Algoritmo de Aprendizagem

Um algoritmo de aprendizagem é constituído de uma *base representacional* (geradora do espaço de classes de hipóteses), um *mecanismo de busca* (otimizada) e um *critério de avaliação* de hipóteses, que sob o conceito de aprender por experiência (via amostras), consegue selecionar uma hipótese (a melhor). Esta hipótese é candidata a se tornar modelo de execução da tarefa T.

A escolha do espaço e das classes de hipóteses potenciais, depende não somente do domínio de aplicação. Não é incomum haver a necessidade de utilizar múltiplas bases representacionais para escolher aquela(s) que conseguem gerar o espaço de hipóteses no qual se pretende empreender um processo de aprendizagem de uma determinada tarefa. Isso acontece devido a frequentemente se deparar com o desafio ou dificuldade em encontrar respostas simples a certas questões complexas. Tarefas complexas requerem um encadeamento de diferentes tipos de hipóteses, de forma a compor uma hipótese complexa.

3. Aprendendo Conhecimento

Como visto a definição do espaço de hipóteses envolve diretamente a especificação do tipo de base representacional a ser aplicada. Esta por sua vez influência diretamente a forma na qual o conhecimento deve ser aprendido, que uma vez esclarecida, corresponde a responder a questão *Como este conhecimento é para ser aprendido?* da seção 2.2.

Dentro de uma visão sistêmica definir como o conhecimento deve ser aprendido ou como deve ocorrer a aprendizagem envolve um conjunto de aspectos importantes, que são abordados nas próximas seções.

3.1. Coleta e Preparo de Dados

Talvez considerada a componente mais importante na fase inicial do processo de aprendizagem, a coleta e preparo de amostras estão sujeitos ao requisito fundamental de ter quantidade e qualidade suficientes para caracterizar bem o fenômeno ou a função-alvo.

Existem diversas maneiras de formalizar as amostras. Todas são mais ou menos equivalentes ainda que, com maior ou menor rigor, sejam uma versão consistente da abordagem estatística estabelecida pelo Teorema do Limite Central, que determina o seguinte:

Considere um conjunto de dimensão n, de amostras aleatórias simples extraídas de uma população de dados, descrito por $X = \{x_1,\ x_2,\ \cdots,\ x_n\}$, *ou seja, uma sequência de variáveis aleatórias, independentes e identicamente distribuídas (iid) com* $E\left[x_j\right] = \mu$ *e* $Var\left[x_j\right] = \sigma^2 > 0$ *de valores finitos. Cada uma das amostras* x_j *deve :*

- *representar um exemplar do comportamento da função-alvo, a ser utilizado durante um ciclo de aprendizagem.*
- *ser descrita por um conjunto de componentes, denominados de atributos, que definem um espaço de atributos de dimensão d.*

Não importa o quanto eficiente um algoritmo de aprendizagem possa ser, o modelo resultante se torna ineficiente caso as amostras utilizadas não contenham informações necessárias. Assim, parte da atenção deve focar em coletar as amostras mais significativas ou que concentrem o máximo de informação sobre a tarefa ou fenômeno.

Em muitas situações reais não se tem acesso ao processo de coleta ou de geração das amostras, o que impõe dispor apenas de um papel observacional, que não permite zelar pela qualidade da coleta.

Deve ser requerido que, tanto na geração e na coleta:
- os experimentos extraiam conjuntos de amostras bem representativas dos aspectos importantes das tarefas ou

fenômenos em aprendizagem,
- os exemplares escolhidos sejam adequados para os diferentes bases representacionais a serem utilizadas,
- os exemplares sejam consistentes com os paradigmas de aprendizagem a serem utilizados (supervisionado, não supervisionado, semi-supervisionado ou por reforço),
- dentro do possível, as amostras sejam não estruturadas, quanto mais melhor, pois pré-processamento deve ser uma prática para adequar as amostras às especificidades dos algoritmos de aprendizagem. A maioria dos dados na prática tem suas amostras coletadas com alguma estrutura.

Preparar dados é transformá-los em formatos ou conteúdos que facilitem a manipulação, o processamento e a extração de valor implícito, sempre com o intuito de melhorar o desempenho final da aprendizagem.

Geralmente, se inicia a preparação com a análise das amostras, conduzindo uma breve análise global, onde se tenta obter um apanhado da qualidade geral e uma descrição detalhada de cada atributo e das relações entre atributos. Alguns dos aspectos de grande importância relativa que requerem atenção, no início do ciclo de aprendizagem, são:

- *Falta de Dados*:
  em aplicações reais, com frequência, se depara com o problema de amostras inexistentes ou incompletas. No caso de dispor de uma quantidade suficientemente grande de amostras, filtrar e descartar amostras que não estejam completas, identificando se existe falta de algum atributo. Caso contrário, quando dispor apenas de uma quantidade restrita de dados ou quando se deparar com a situação, na qual uma grande porcentagem das amostras estão incompletas, melhor adotar uma estratégia eficaz para tratar

com essa questão [2.13].

- *Heterogeneidade dos dados*:
  principalmente nos casos em que as amostras apresentam atributos de natureza totalmente diferentes uns dos outros. Alguns algoritmos como: *K-Nearest Neighbors, Redes Neurais, Regressão, Linear, Não Linear e Logística, SVM* requerem que as amostras sejam todas numéricas e normatizadas, para ficarem dentro da mesma escala ou intervalo de valores. Tendo maior flexibilidade, os algoritmos *Arvores de Decisão* desfrutam da vantagem de manusear amostras heterogêneas com maior facilidade.

- *Engenharia de Atributos*:
  selecionar subconjuntos corretos e relevantes de atributos tem sido imperativo para se maximizar o desempenho dos algoritmos. Tem se provado eficaz reduzir a dimensão [número de atributos] das amostras quando estas carregam muito pouca informação útil ou quando se mostram fortemente correlacionadas. Neste caso, reduzir a dimensionalidade melhora o desempenho do algoritmo de aprendizagem, pois reduz a *variância* no desempenho e causam pequenos efeitos de *polarização* nos resultados [2.14].

- *Remoção de Ruídos*:
  a remoção de ruídos tem sido amplamente conseguida por técnicas de pré-filtragem, incluindo entre os resultados desejados a eliminação dos efeitos de sub-amostragens [*anti-aliasing*]. Além disso, conseguir compensar os problemas muito comuns como: não linearidades e equalização de amostras em escalas diferentes.

- *Remoção de Espúrios (outliers)*:

amostras espúrias significam valores anormais e não consistentes com a maioria dos valores observados no conjunto de amostras. Em geral, esses espúrios são gerados por: falhas de leitura ou erros no processo de coleta, de codificação ou ainda na falhas em sensores.

Para tratar com espúrios, aplica-se processos de detecção e remoção, logo na preparação do dados, ou caso preferir difere-se o tratamento das amostras até a escolha do algoritmo de aprendizagem, porque alguns são robustos ou não sensíveis a presença de espúrios e, assim, evitam que haja necessidade de esforços específicos de tratamento. Cuidado especial deve ser tomado para considerar como espúrios, dado que eventualmente tenham variação anômala, mas que representam situações importantes no contexto da tarefa. Nesse caso o papel dos especialistas de domínio é fundamental.

A *preparação de dados* pode ser organizada e gerenciada para ser cumprida em quatro etapas:

- *Seleção*:
  considerar quais amostras estão disponíveis, quais estão faltando e quais podem ser removidas, sempre observando que as etiquetadas oneram muito o processo de aprendizagem, uma vez que requerem especialistas para validá-las.

- *Pré-processamento*:
  as amostras selecionadas, muitas das vezes, são fornecidas em estruturas e formatos que requerem procedimentos manuais e automatizados, para conversão de formato e limpeza, sem mencionar a necessidade de coleta seletiva, que necessitam de ambientes multitarefas [2.15].

- *Transformação*:
  muito atrelada ao pré-processamento esta atividade objetiva

transformar as amostras pré-processadas: - em seus conteúdos como ocorre com a redução de dimensionalidade, - fazendo reescalonamentos, como no caso de atributos em diferentes escala de valores, - fazendo decomposição de atributos, quando requer explicitar melhor os atributos para serem objetivamente trabalhados pelos algoritmos, ou ainda fazendo a agregação de atributos, uma vez que redundâncias sejam identificadas.

- *Organização*:
dependendo da quantidade disponível, o conjunto de amostras pode ser repartida em subconjuntos separados, nas quantidades apropriadas para serem utilizadas nas fases da aprendizagem: *Treinamento, Validação e Testes*, conforme mostra a figura 2.2- 1.

3.2. Espaço de Hipóteses

A aprendizagem tem se consolidado num modelo de ciclo de vida, que inclui três fases, *Treinamento, Validação e Testes*. Essas fases almejam, através de seus diferentes propósitos, selecionar no espaço de hipóteses aquela que possa ser considerada modelo para a executar a melhor aproximação de uma tarefa.

A definição e estruturação do espaço de hipóteses influencia todas essas fases, embora a de Treinamento seja a que tem maior impacto, pois nela acontece a busca pela melhor hipótese. Para facilitar os procedimentos do mecanismo de busca, usualmente se propõe que o espaço de busca seja constituído, organizado e estruturado, para que apresente as seguintes características:

- particionar o espaço em diferentes classes de hipóteses, onde cada classe agrupa funções do mesmo tipo, p.ex. classe de polinômios de mesma ordem ou complexidade;

87

- concatenar as classes com diferentes graus de complexidades, de forma crescente em complexidade, onde uma classe de maior complexidade contém a de menor, ver ilustração da figura 2.3 - 1
- como medida de complexidade de cada classe usa-se o número de parâmetros θ, que define a característica estrutural das hipóteses. As hipóteses, quando referidas por $h_S(\theta)$, significam que tem a complexidade S ou o número S de parâmetros.

Para entender melhor como ocorre tal estruturação considere p.ex. dois tipos diferentes de tarefas, *aproximação e classificação*, que devem ser aprendidas para resolver um determinado problema.

Cada uma dessas tarefas é executada por uma função-alvo específica, que pode ser aproximada por diferentes hipóteses, pertencentes à classes de diferentes complexidades. Dado que são geradas por uma mesma base representacional, então pertencem ao mesmo espaço de hipóteses, que no caso é constituído de curvas lineares e não lineares, como segue:

- *no caso da tarefa aproximação*:
  considere que o espaço contenha duas classes de hipóteses de complexidades diferentes. Uma classe seja constituída por hipóteses do tipo polinômios lineares de dois parâmetros $S = 2$, denominada de classe H_2:

$$H_2 = \left\{ h_2{}^1(\theta),\ h_2{}^2(\theta),\ h_2{}^3(\theta) \right\}$$

  Cada uma das hipóteses $h_2{}^i(\theta)$ tem uma característica diferentes, quando descrita no espaço de atributos, como mostra a ilustração da figura 2.3-1 a).

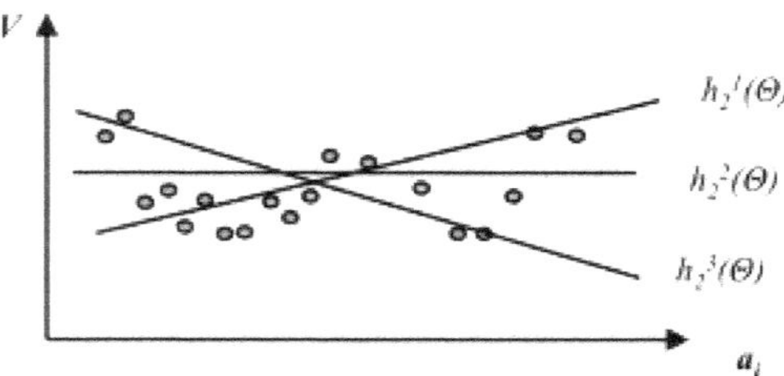

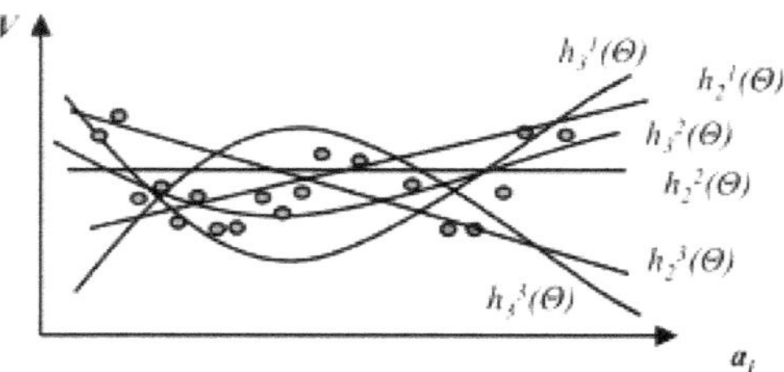

Fig. 2.3-1 *Aproximação*: duas classes de hipóteses

A outra classe, denominada de H_3, sendo mais complexa é constituída por dois tipos de hipóteses: polinômios lineares de dois parâmetros $S = 2$ (as hipóteses da classe H_2) e polinômios não lineares de três parâmetros $S = 3$, ilustradas na figura 2.3-1 b):

$$H_3 = \left\{ h_2^1(\theta),\ h_2^2(\theta),\ h_2^3(\theta),\ h_3^1(\theta),\ h_3^2(\theta),\ h_3^3(\theta), \right\}$$

Ambas as classes tem hipóteses que tem potencial para aproximar uma função-alvo $f = V(a_i)$ desconhecida, representada por um conjunto de amostras.

Deve ser notado que a classe H_2 sendo de menor complexidade está contida na classe H_3 ($H_2 \subset H_3$). Essa propriedade permite que H_3 seja expressa de forma encadeada por:

$$H_3 = \left\{ H_2,\ h_3{}^1(\theta),\ h_3{}^2(\theta),\ h_3{}^3(\theta),\ \right\}$$

- *no caso da tarefa classificação*:
as hipóteses auxiliam a executar decisões de partição do conjunto de amostras da função alvo. As figuras 2.3- 2a), 2.3- 2b) e 2.3- 2c) ilustram os comportamentos de hipóteses pertencentes à três classes com complexidades diferentes, que potencializam uma função de classificação binária, similar a função-alvo f.
Cada uma das classes é constituída por hipóteses do tipo polinomial de diferentes números de parâmetros: H_1 com polinômios lineares, H_2 com lineares e quadráticos e H_3 com lineares, quadráticos e de terceira ordem. Neste exemplo a estruturação contempla uma sequência de inclusões, que organiza o espaço de hipóteses da seguinte forma: $H_1 \subset H_2 \subset H_3$.

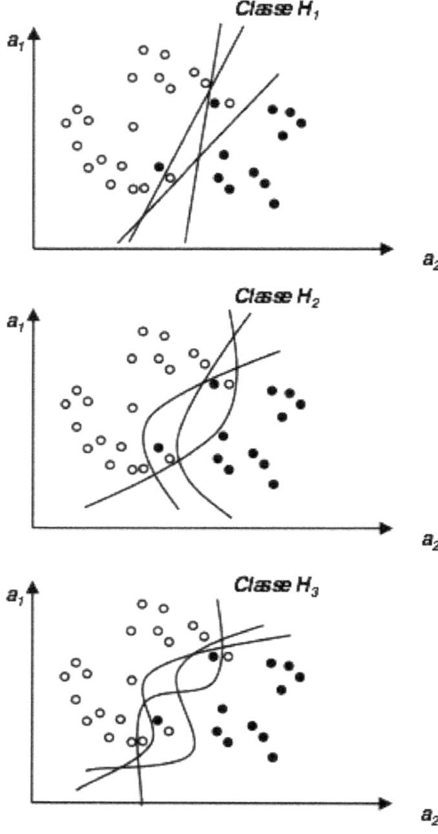

Fig. 2.3-2 *Classificação*: três classes de hipóteses

A busca pela melhor solução não se mostra ser complexa e difícil. Basta o mecanismo de busca encontrar uma hipótese representante de cada classe (melhor de sua classe), que aproxime a função-alvo, sob algum critério de otimização (proximidade), particionando as amostras disponíveis em uma das duas classes. Escolher entre duas ou três representantes (candidatas) qual é a melhor, pode ser, também, uma decisão direta.

No entanto, quando se trata de aplicações reais, onde se tem uma quantidade volumosa de amostras e o número de atributos (a_i), que descrevem cada amostra, pode chegar a ser de centenas, a situação pode implicar num volume impraticável de processamento.

Essa dificuldade pode, somente, ser resolvida utilizando recursos computacionais de altíssimo desempenho. Dentro dessas circunstâncias, organizar e estruturar o espaço de busca via encadeamento de classes numa sequência de complexidades, pode ser uma boa astúcia. Começando pela menos complexa e num crescente terminar na mais complexa.

O índice de complexidade auxilia na definição do número de classes a utilizar, dado que o encadeamento se caracteriza por um processo de pertinência, onde as hipóteses dentro de cada classe tem o mesmo número de parâmetros, as classes são todas do mesmo tipo (mesmo objetivo) e uma classe subsequentemente mais complexa contém a anterior, como ilustra figura 2.3-3 .

Esse processo de organização pode ser denominado como uma atividade de conversão de formato no *espaço de hipóteses*.

A partir da definição do espaço de hipóteses, a busca pode ser definida e estruturada. Sob um critério de avaliação de desempenho, a aprendizagem num primeiro passo (*Treinamento*) passa a ser unicamente encontrar a melhor representante de cada classe de hipóteses. A estruturação do espaço possibilita a busca ser distribuída pelas diferentes classes existentes, para que no segundo passo (*Validação*) sejam comparados os desempenhos das representantes de cada classe. Na prática o espaço de hipóteses pode ter seu conceito ampliado e considerar a combinação de diferentes tipos de hipóteses dentro de uma mesma classe.

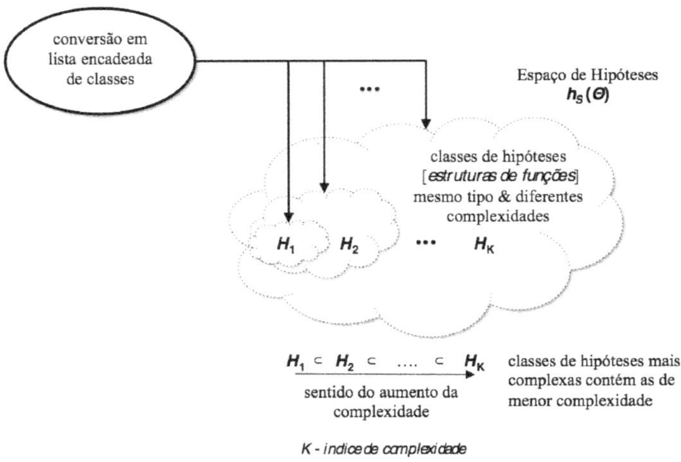

Fig. 2.3-3 Estruturação do Espaço de Hipóteses

Por exemplo, se houver a necessidade de definir um espaço de hipóteses, que contenha a combinação de funções quadráticas e exponenciais, com o objetivo de aprender o comportamento de um fenômeno complexo, então todas as classes desse espaço devem ser constituídas por hipóteses com a mesma combinação de funções. As classes se diferenciam apenas nos índices de complexidade. A restrição de utilizar os mesmos tipos de combinação em todas as classes, variando apenas a complexidade, permite estabelecer uma referência para fazer a comparação da capacidade representacional do algoritmo.

A base teórica para estruturação de espaços de hipóteses

pode ser encontrada nas teorias da Dimensão de Vapnik-Chervonenkis [VC Dimension] e da Minimização [2.16] a serem abordadas em outra seção deste volume.

Espaço de Hipóteses no Ciclo de Aprendizagem

Dado que: - se disponha de um conjunto de amostras, - a base representacional geradora do espaço de hipóteses pretendido tenha sido definida, - o espaço de hipóteses tenha sido organizado de maneira estruturada e - o critério de desempenho estabelecido.

Nessa situação, a aprendizagem se torna um procedimento de busca pela melhor hipótese, efetuado em três fases de processamento, mencionadas de: *Treinamento, Validação e Testes*, ilustradas na figura 2.3- 4.

O procedimento inicia pela de *Treinamento*, onde são selecionadas hipóteses candidatas, que posteriormente na fase de *Validação* tem seus desempenhos comparados e as melhores escolhidas para serem reavaliadas na fase de *Testes*.

Dependendo das técnica ou metodologia aplicada pode haver uma grande iteratividade entre as fases de *Treinamento e Validação*. A fase de *Testes,* sempre como uma ação finalizadora do ciclo, deve ser conduzida de maneira isolada das anteriores com o intuito de apontar a melhor hipótese a ser selecionada e denominada de *Modelo*. Segue um detalhamento das características funcionais dessas fases:

- *Treinamento*

    fase onde se identifica a melhor estrutura representacional, através de uma busca nas diferentes classes H_S, primeiramente selecionando as hipóteses de diferentes complexidades ou seja classes, que apresentem maior potencial, como candidatas ou representantes. Em cada classe, todas as hipóteses $h_S(*)$ são analisadas, sob o mesmo critério de desempenho e através da comparação dos erros de aproximação $\mathscr{E}\big(f(*),\,h\big)$ as de maior potencial ou melhor desempenho são selecionadas.

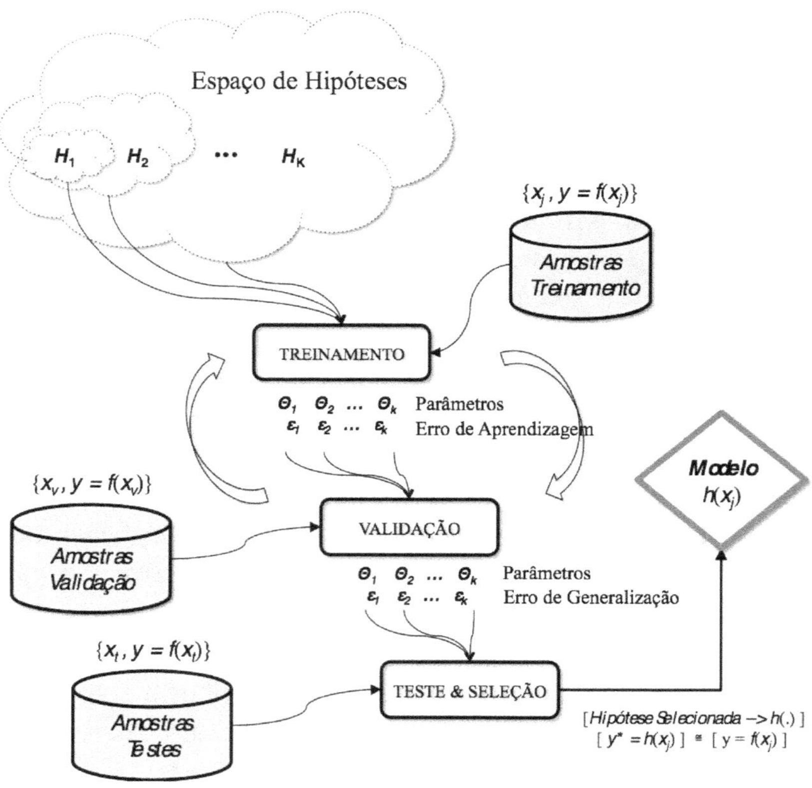

Fig. 2.3-4 Fases da Aprendizagem

A hipótese de melhor desempenho (entendido como menor

erro), representante de cada classe passa a ser submetida à fase seguinte a de *Validação,* com a expectativa de que responda com desempenho similar ao apresentado no final do Treinamento.

Deve ser observado que cada hipótese, de acordo com a base representacional escolhida, tem sua estrutura matemática representada por o mesmo conjunto de parâmetros θ_η.

- *Validação*

As hipóteses $h_S(*)$ selecionadas como melhores representantes das suas classes são submetidas a avaliação de desempenho, agora face a um novo e diferente conjunto de amostras. Com o objetivo de selecionar a de melhor desempenho, as representantes de cada classe devem ser comparadas, utilizando a mesma métrica de desempenho usada no Treinamento. Na *Validação* o desempenho ou erro medido, passa a ser tratado como *erro de generalização* $\mathscr{E}(f(*), h)$, uma vez que as amostras representam situações futuras, onde as hipóteses não incorporam mais conhecimento algum, conseguem apenas fazer inferências indutivas.

As hipóteses validadas são elencadas como candidatas a *Modelo*. Caso não satisfaçam com os desempenhos apresentados, estas são submetidas a nova aprendizagem voltando a fase de Treinamento, onde seus parâmetros passam por uma adaptação denominada de sintonização fina. As hipóteses confirmadas como as de maior potencial podem ser submetidas a Validação novamente, caso seja necessário, ou exista um numero suficiente de diferentes amostras para isso ou prosseguem para serem avaliadas na fase de *Testes*.

- *Teste e Seleção*:

As hipóteses validadas como de maior potencial tem seus

desempenhos avaliados, nesta fase face a um novo conjunto de amostras específicas para testes. As estimativas para os *erros de generalização* $\mathcal{E}(f(*), h)$ são agora vistas com mais critério, pois devem indicar a forma na qual a hipótese a ser escolhida, se comporta diante das situações reais, ditas operacionais. Nas análises comparativas o objetivo maior passa a ser de selecionar a melhor entre as melhores e apontar a classe com melhor estrutura, e a(s) sua(s) representante(s), indicada(s) pelo conjunto de parâmetros θ_η que determinam a complexidade do(s) *Modelo(s)*.

3.3.   Hipóteses e Desempenho

Por contar com incertezas de diferentes naturezas e apenas amostras da função-alvo, mesmo em grande quantidade, como a única fonte para extrair valor, a aprendizagem somente confirma pleno sucesso se encontrar a hipótese de maior potencial, melhor desempenho e maior potencial para executar a tarefa pretendida, no final do ciclo.

Pode-se pensar no resultado do ciclo de aprendizagem fazendo uma similaridade ao domínio médico, onde a prescrição de um tratamento só pode ser considerada correta ou adequada, quando o paciente reage positivamente sendo curado. Saber se uma máquina aprendeu corretamente ou o suficiente para executar uma tarefa, somente no final do seu ciclo diante de situações reais. O sucesso é aceito quando o algoritmo escolhido tem uma capacidade representacional para gerar as hipóteses com desempenho adequado para se tornarem os modelos (solução) e produzirem bons (ou aceitáveis) resultados de generalização.

Não existe, assim, uma certeza a priori sobre a eficácia de um determinado algoritmo face a um determinado tipo de tarefa, nem tampouco se este apresenta melhores resultados relativamente a outros aplicáveis. Muitas vezes existem algoritmos equivalentes face a qualidade dos resultados produzidos.

A escolha de um algoritmo deve contar com dois fatores importantes: a experiência dos especialistas envolvidos e a qualidade das amostras. Essa escolha requer iniciar com estudo criterioso do tipo de paradigma de aprendizagem mais conveniente e escolher o algoritmo que possa efetuar tal aprendizagem com potencial sucesso. Do ponto de vista prático, considerar que a implementação computacional deste pode impactar o desempenho e a convergência para a solução desejada ou mesmo a *factibilidade* do projeto.

Medidas de desempenho

Dois tipos diferentes de medidas são usualmente aplicadas para avaliar o desempenho de funções-hipóteses. Medidas de desempenho atreladas ao mecanismo de busca que tem como objetivo acusar o quanto distante está o resultado de uma hipótese quando em resposta as amostras de Treinamento, Validação e Testes. Em gral essas quantidades de erro servem para alterar os parâmetros das bases representacionais de forma que estas gerem novas hipóteses com melhor desempenho, dentro de um processo de aprimoramento sucessivo que possa significar que o algoritmo está aprendendo. Por outro lado, estão as medidas de desempenho globais, que são utilizadas para avaliar o quanto a hipótese, denominada de Modelo, resultante do ciclo de aprendizagem, performa face as amostras consideradas situações reais ou operativas. Os valores de erros encontrados não servem para realimentar o processo de Treinamento, mas para avaliar o desempenho global do algoritmo e do ciclo no qual foi envolvido.

a) métrica para a busca de melhores hipóteses

Sob uma determinada métrica de desempenho, o mecanismo de busca deve conseguir varrer o espaço de hipóteses e selecionar uma única hipótese, que deve ser eleita a melhor. Então, como motor principal dessa busca, durante a fase de Treinamento, o mecanismo de busca deve apresentar algumas habilidades, considerando os seguintes aspectos:
- base representacional deve conseguir gerar o espaço de hipóteses de forma estruturada e facilitar ou tornar eficaz a busca, e
- critério de avaliação, sob a métrica escolhida, seja compatível com o tipo de tarefa a ser aprendida, para que se consiga mensurar a qualidade dos resultados gerados e suas consistências com a realidade.

Dada a importância da aprendizagem supervisionada, as simplificações que esta envolve e a facilidade de compreensão intuitiva do seu funcionamento, nesta seção são detalhadas algumas particularidades, de sua utilização durante as fases de Treinamento. Em geral são ferramentas de apoio a muitos mecanismos e técnicas de buscas, tentando evidenciar as condições mínimas que uma hipótese demonstra para aproximar uma função-alvo $f(*)$.

Para detalhar de maneira formal, as particularidades matemáticas deste tipo de medida considere que $f(*)$ seja representada pelo conjunto de amostras descritas por pares de valores $\left(x_j, y_j\right)$ onde:

- $x_i \in X$: variável independente do domínio de $f(*)$;
- $y_i \in Y$: classe ou valor atribuído a x_i em uma tarefa de classificação ou aproximação; e
- $y^*_i = h_S(\theta)$: valor atribuído pela hipótese $h_S(\theta)$, de

complexidade S, quando aplicada a x_i,

- $\mathscr{E}\left(y_i,\ y^*_i\right)$: valores produzidos por uma métrica que assume valores no intervalo $[0,\ \infty)$, indicando a qualidade do desempenho de $h_S(\theta)$ na aproximação de $f(*)$.

Na fase de Treinamento essa métrica tem o objetivo de medir o quanto eficazes são as hipóteses geradas, pela base representacional utilizada na aproximação da função-alvo $f(*)$, sobre um conjunto de experiências E a que se submete.

Isso significa que a cada experiência E se consegue mensurar a capacidade da hipótese de aproximar a função-alvo $f(*)$. Mais ainda, se consegue analisar o desempenho geral da hipótese sobre todo o conjunto de experiências (amostras) durante a fase de Treinamento, verificando se a hipótese consegue satisfazer a inequação:

$$\mathscr{E}\left(f(*),\ h_S(\theta)\right)^{t+1}\ <\ \mathscr{E}\left(f(*),\ h_S(\theta)\right)^{t}$$

onde:

(t): representa um índice relativo a uma época, que significa o conjunto de experiências E de Treinamento,

$\mathscr{E}\left(f(*),\ h_S(\theta)\right)$: erro de aproximação produzido pela hipótese $h_S(\theta)$, quando aplicada sobre o conjunto de amostras geradas pelas experiências E de Treinamento.

No caso do erro $\mathscr{E}\left(f(*),\ h_S(\theta)\right)$ diminuir, conforme a inequação acima, a cada aproximação que $h_S(\theta)$ faz, usando o conjunto de amostras de Treinamento, significa que conhecimento extraído a partir desse conjunto foi incorporado ao algoritmo de aprendizagem, Esse conhecimento potencializa o algoritmo a responder melhor na próxima vez que é aplicado para executar a mesma tarefa sobre o mesmo conjunto de experiências. Se realmente o algoritmo teve um desempenho melhor, significa que houve uma aprendizagem. Note que para o algoritmo responder melhor este tem que escolher uma nova hipótese, incorporando de maneira direta ou indiretamente o erro encontrado.

Assumir que as variáveis do domínio x_i, foram geradas pela mesma fonte geradora, mantendo as mesmas condições de representatividade estatística, o que significa que pertencem a mesma distribuição de probabilidade *Prob[x_i]*. Quando se conhece ou tem-se uma ideia bastante prática dessa formulação, com a colaboração de especialistas do domínio, participando de processo como supervisores, se consegue atribuir uma métrica bastante confiável, pois é conhecido o valor desejado e se consegue, também, especificar e medir o erro de aproximação $\mathscr{E}\left(y_i,\ y^*_i \right)$, para cada valor da variável x_i. Quando isso não for possível, pela dificuldade de definir o comportamento dos erros a serem tolerados, muitas vezes se usa da astúcia de contar com alternativas analíticas, utilizando p.ex. métricas plausíveis ou de fácil aplicação.

Para a avaliação do desempenho global de uma hipótese sobre um conjunto de experiências E, qualquer que seja a fase do ciclo de aprendizagem, *Treinamento, Validação e Testes,* usualmente, se utiliza do conceito de *erro empírico (ou risco empírico)* de uma hipótese $h_S(\theta)$. O erro empírico, representado por $\mathscr{E}\left(f(*),\ h_S(\theta) \right)$, quantifica o desempenho médio incorrido por uma determinada $h_S(\theta)$ diante do conjunto das amostras coletadas durante as experiências acumulando erros empíricos $\mathscr{E}\left(y_i,\ y^*_i \right)$. Tipicamente $\mathscr{E}\left(f(*),\ h_S(\theta) \right)$ tem sido uma quadrática (*erro médio quadrático*) ou alternativamente um função penalização (*loss function*).

Considerando, por exemplo, o erro empírico mensurado através da métrica Erro Médio Quadrático (EMQ), como medida de desempenho de $h_S(\theta)$, o erro empírico sem perda de generalidade pode ser expresso por:

$$\mathcal{E}\left(f(*),\ h_S(\theta)\right) = EMQ$$

$$= tr\left\{ E\left\{ \varepsilon\left(y_j, y_j^*\right)\varepsilon\left(y_j, y_j^*\right)^T \right\} \right\}$$

$$= E\left\{ tr\left\{ \varepsilon\left(y_j, y_j^*\right)\varepsilon\left(y_j, y_j^*\right)^T \right\} \right\}$$

$$= E\left\{ \left\{ \varepsilon\left(y_j, y_j^*\right)\varepsilon\left(y_j, y_j^*\right)^T \right\} \right\}$$

$$= \frac{1}{N_f}\sum_{j=1}^{N_f} E\left\{ \varepsilon\left(y_j, y_j^*\right)^2 \right\}$$

onde: N_f: número arbitrário de experiências e corresponde também ao número de pares de valores $\left(x_j, y_j\right)$ que caracterizam as amostras da função-alvo $f(*)$.

O erro empírico $\mathcal{E}\left(f(*),\ h_S(\theta)\right)$ calculado para avaliar o desempenho de cada hipótese $h_S(\theta)$, depende do número de experiências N_f, que pode assumir diferentes valores, dependendo da fase que o algoritmo se encontra: *Treinamento* ($N_f = N_T$), *Validação* ($N_f = N_V$) e *Testes* ($N_f = N_T$), ver figura 2.3- 5.

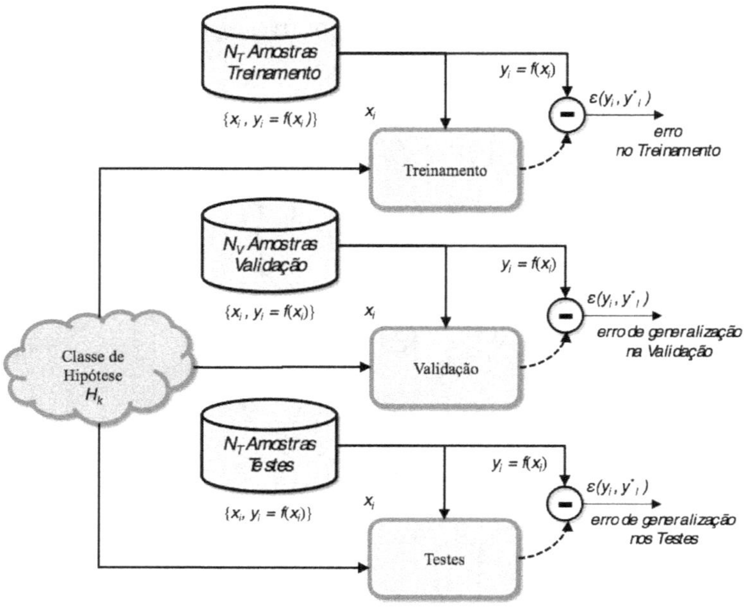

Fig. 2.3-5 Erro Empírico em Aprendizagem Supervisionada

O erro empírico $\mathcal{E}\big(f(*), h_S(\theta)\big)$ tem servido de base conceitual para o princípio da *minimização do risco empírico* (ERM), utilizado na fase de Treinamento por diversos mecanismos de buscaCITATION 22892 \y \l 1033 (2.28).

Considerando que o objetivo da aprendizagem tem se tornado selecionar dentro de cada classe S, do espaço de hipóteses, aquela hipótese que implique no menor *risco empírico* $\mathcal{E}\big(f(*), h_S(\theta)\big)$, então basta avaliar a seguinte equação:

$$h_S(\theta_k)^{ERM} = \arg\min_{S} \mathcal{E}\big(f(*), h_S(\theta)\big)$$

onde θ_k deve ser entendido como o conjunto de parâmetros que caracteriza a hipótese que satisfaz o critério de minimização estabelecido.

O valor do erro empírico $\mathcal{E}\big(f(*),\, h_S(\theta)\big)$ serve, então, de referência para o desempenho esperado para a hipótese selecionada $h_S(\theta_k)^{ERM}$, que deve apresentar desempenho similar, pelo menos em média no sentido estatístico, quando face as novas amostras dos diferentes conjuntos Validação e Testes.

b) métrica para avaliar algoritmo e Modelo

Avaliar o resultado de uma aprendizagem significa avaliar a capacidade representacional de um algoritmo diante de diferentes tarefas do mesmo tipo. Qualquer que seja a métrica utilizada, há um princípio muito popular que se aplica nesse contexto, chamado de *"no-free-lunch principle"*.

Este princípio contempla que não existe um algoritmo melhor que todos outros, qualquer que seja a tarefa. Pela importância desse princípio na escolha de um algoritmo segue sua versão traduzida, em termos de teorema:

Seja dado um conjunto de hipóteses $\mathcal{H}$ e um subconjunto $\mathcal{B}$ de hipóteses (modelos) escolhidas para de testes de referência (benchmark). Se o algoritmo A_x for melhor em média do que o algoritmo A_y no subconjunto $\mathcal{B}$, então o algoritmo A_y deverá ser melhor do que o algoritmo A_x no conjunto complemento $[\mathcal{H} - \mathcal{B}]$.

Tendo em mente que desempenho tem, assim, uma certa relatividade, a maioria das sugestões de critérios para avaliar a potencialidade de hipóteses, emergem de estudos empíricos. Estes mostram a dificuldade de decidir por um critério, que usa uma determinada métrica em vez de outra. Cada sugestão tem características específicas e mede diferentes aspectos das hipóteses, dependendo do tipo da tarefa. Pode-se ter uma ideia da diversidade de métricas que são aplicáveis para diferentes tipos de tarefas, através da plêiade que segue [2.17] [2.18] [2.19] [2.20] [2.21] [2.22] [2.23] [2.24] [2.25] [2.26] [2.27]:

- *para tarefas de classificação*

  Sintetizando classificação como um processo de decisão que atribui a cada amostra uma estimativa para a classe de pertinência, pode-se resumir que estas tarefas são apoiadas por fronteiras de decisão.

  Em geral, as hipóteses que tem maior potencial de aproximar funções-alvo representativas de fronteiras de decisão e do processo decisório, que compõe essa tarefa de classificação, são geradas por bases representacionais de algoritmos supervisionados.

  Na aprendizagem de tarefas de classificação, em geral, trabalha-se com amostras, valores e classes discretizadas. A figura 2.3- 6 sintetiza as métricas mais usuais para situações específicas, embora algumas apresentem propriedades abrangentes, que as tem tornado ferramentas de avaliação para outros tipos de tarefa.

Acurácia
Mede a proporção das amostras que são classificadas corretamente, não sendo ideal para situações onde as classes são muito desproporcionais. Poucas classes tem muitas amostras e enquanto o pouco restante das amostras pertencem as outras classes. Definida como taxa do numero de predições corretas sobre o numero total de previsões efetuadas, sendo a mais utilizada é adequada apenas quando as classes contem um numero muito similar de amostras, o que é raro. Nessa circunstância, todas as predições e erros implicados acabam por ter a mesma importância, o que ocorre com raridade na realidade.

Matriz de Confusão
Na forma de tabela descreve o desempenho de uma função de classificação, mostrando ou favorecendo um tipo de erro no lugar de outros tipos, similarmente, ao que acontece em decisões humanas onde foca-se mais sobre alguns resultados do que em outros. Desta métrica deriva-se outras como memória (recall) e precisão. Alternativa para a métrica *Acurácia*, muito utilizada em situações onde existem duas ou mais classes.

Precisão
Indica quantas das amostras classificadas corretamente, são realmente corretas.

Escore F1
Combina precisão e memória, através da média ponderada desses dois índices, indicando melhor desempenho quando seu valor atinge 1 e pior quando 0

Coeficiente Gini (Gini Coefficient)
Pode ser extraído ou derivado da métrica AUC ROC.
Em síntese: coeficiente Gini = 2 x AUC – 1.
Valores de Gini acima 60% refere-se a função hipótese com bom desempenho

Logaritmic-Loss (or logloss)
índice para avaliar as predições sobre a probabilidade de pertinência de uma amostra a uma determinada classe. Valor da probabilidade representa uma medida de confiança da predição feita. As predições corretas ou incorretas, são recompensadas ou punidas, proporcionalmente, a confiança (probabilidade) atribuída

Logaritmic-Loss (or logloss)
índice para avaliar as predições sobre a probabilidade de pertinência de uma amostra a uma determinada classe. Valor da probabilidade representa uma medida de confiança da predição feita. As predições corretas ou incorretas, são recompensadas ou punidas, proporcionalmente, a confiança (probabilidade) atribuída

Lista de Prioridade (Lift)
Listas confeccionadas para verificar o ordenamento de probabilidades de ocorrência de eventos. Aplicado em situações que necessitam focar públicos alvos, depreendendo que clientes alvos podem ser visados em campanhas específicas. Denominada como Lift esta lista/mapa depende da taxa de resposta total da população observada, devendo ser modificada a medida que a população muda.

Memória/Sensibilidade
Indica quantas amostras foram realmente classificadas como corretas dentro do conjunto de todas que são corretas. No caso de se estar procurando pelo desempenho sobre uma determinada classe, este índice auxilia focando, ou tendo mais sensibilidade, sobre esta.

Especificidade
Indica dentre todas amostras classificadas erradas, quantas tem sido realmente incorretas

Fig. 2.3-6 Métricas para Classes de Hipóteses *Classificação*

- *para tarefas de aproximação*

as bases representacionais mais utilizadas servem para gerar hipóteses apropriadas para tarefas de aproximação do tipo *interpolação* ou *extrapolação* de valores. São, portanto, muito úteis para tarefas de previsão.

Erro Absoluto Médio (Mean Absolute Error)

Mede a média da soma dos valores absolutos da diferenças entre o valor real e o previsto para todas as amostras de dados. Utilizar o valor absoluto objetiva evitar que valores negativos venham a neutralizar diferenças importantes representadas por valores positivos

R2 Score

Como um coeficiente resultante da proporção entre a variância das variáveis dependentes previstas a partir das variáveis independentes. Informa quanto boa é a previsão de uma hipótese. R2 mede quanto bem a curva de regressão se aproxima dos valores das amostras reais. Varia entre 1.0 e pode atingir valores negativos (no caso dos péssimos desempenhos). Sintetiza a indicação da boa qualidade de um conjunto de predições em relação a realidade

Erro Absoluto Mediano (Median Absolute Error)

A mediana, como métrica da dispersão estatística, tem uma vantagem em relação a média na análise de dados, pois busca evitar pender para o lado dos maiores e menores valores, dando assim uma melhor ideia sobre o valor típico da realidade. Definida como a mediana dos valores absolutos das diferenças encontradas entre os valores e a mediana desses valores. Esta medida é mais robusta a presença de dados espúrios, pois os impactos dos desvios provocados por um número pequeno desses tipos dados se tornam irrelevantes. Pelo fato de ser mais robusta, esta métrica apresenta melhores resultados nas situações onde se encontra dificuldade no calculo da valores como média ou variância

Raiz Quadrada do Erro Quadrático Médio (Root Mena Suarem Erro)

Com a raiz quadrada do EQM tem-se a mesma unidade dos valores analisados. Dessa forma esta métrica é uma distância da amostra do dado em relação a media dos dados, conhecida como *Desvio Padrão*

Erro Quadrático Médio (Mena Suarem Erro) - EQM

Mede a media da soma do quadrado das diferenças entre os valores real previsto para todos as amostra de dados. Levar ao quadrado os valores das diferenças permite que valores negativos não cancelem diferenças positivas e também amplificar o impacto das grandes diferenças. Menor a diferença, menor o Erro Quadrático Médio, significa mais próxima a predição da realidade, tendo mais vantagens sobre o Erro Absoluto Médio

Fig. 2.3-7 Métricas para Classes de Hipóteses *Aproximação*

A figura 2.3-7 cita algumas das métricas mais usuais. Quando as novas amostras se localizam na região onde estão as amostras de Treinamento, tem-se uma espécie de efeito de interpolação, mas quando se localizam distantes se diz que a previsão é uma extrapolação.

- *para tarefas de agrupamento*
Agrupar é considerada, também, como a execução de um processo de decisão, no qual se demonstra a habilidade de *descobrir* grupos de amostras, conforme as similaridades ou dissimilaridades e afinidades existentes entre estas. O processo de decisão tem um alto grau de flexibilidade durante a partição das amostras, agrupando algumas mais similares enquanto separando outras não tão afins.

As bases representacionais são capazes de gerar hipóteses que potencialmente delineiam as melhores fronteiras, no sentido de obter a melhor distribuição possível de amostras, sob algum critério baseado em métricas de similaridade ou dissimilaridade. Algoritmos não supervisionadas tem sido os mais aplicados para selecionar tais hipóteses. Dentro desse contexto as métricas mais utilizadas, citadas na figura 2.3-8, tentam medir a capacidade de uma hipótese de definir o grupo mais correto para qualquer nova amostra.

Índice de Dunn (Dunn's validation Index)
Compara o tamanho dos agrupamentos com a distância entre agrupamentos. Quanto mais longe são os grupos, relativamente ao seus tamanhos maior o valor do índice e melhor é o agrupamento. Este índice é calculado, p.ex. no caso de dois grupos, como a razão entre a distância mínima entre os dois grupos e o tamanho do maior grupo

Índices de Hubert (Hubert's statistics)
Mede a correlação entre as matrizes de co-ocorrência das partições previstas e das obtidas, onde na matriz a posição $I(i, j) = 1$ se as amostras i e j pertencem ao mesmo grupo e $I(i, j) = 0$ no caso contrário.
Significa que partições similares tem matrizes de co-ocorrência similares, que representa por sua vez uma alta correlação ou similaridade entre partições. Apropriada para identificar agrupamentos diversificados

Soma dos Erros Quadráticos (Sum of Squared Errors – SSE)
Mede a compacticidade de um agrupamento através da soma dos quadrados das diferenças entre os valores das amostras, pertencentes a um agrupamento, e a média das amostras deste. Apropriado para situações onde se tem agrupamentos bastante distantes um do outro

Espalhamento (Scatter Criteria)
Mede o espalhamento das amostras dentro de um agrupamento. Calculado através da soma da matriz espalhamento dentro do agrupamento com o espalhamento entre agrupamentos. Valores pequenos são desejáveis para espalhamento dentro do agrupamento e valores altos para espalhamento entre agrupamentos, mostrando este ultimo fator que os agrupamentos são bem distanciados

Silhueta (Silhouette)
Ferramenta visual para avaliar a pertinência ou não de amostras dentro de grupos, baseando-se na silhueta da distribuição das amostras dentro dos grupos. A silhueta de um conjunto de amostras define a sua proximidade em relação ao seu grupo e o distanciamento em relação aos grupos vizinhos. A silhueta de um grupo é definido como a largura da silhueta media das amostras. Agregando informação de todos os pontos se obtém a silhueta global de uma partição em grupos, que é a silhueta media dos grupos. Seus valores variam de -1 a 1. Valor for próximo de -1, significa o ponto é, em média, mais próximo de outro grupo do que daquele ao qual a pertinência está sendo analisada. Valor for próximo a 1, sua distância média ao seu próprio grupo é significativamente menor que em relação a qualquer outro grupo. Assim, quanto maior a silhueta, mais compacta e separada é a partição em grupos obtida

Instabilidade (Instability index)
Mede a habilidade da hipótese de agrupamento em constituir novos grupos face a novos conjuntos de amostras.
A estabilidade da hipótese é medida via partição do novo conjunto de amostras em dois subconjuntos. No primeiro subconjunto a hipótese sob análise é aplicada e as classificações obtidas são utilizadas para treinar a hipótese de classificação que classifica todo o novo conjunto. Num segundo passo tanto a hipótese agrupamento quanto a de classificação são aplicadas no segundo subconjunto, gerando dois conjuntos de grupos. Duas medidas, a de concordância/discordância de grupos e a média calculada sobre diversas partições aleatórias dos dados, definem um índice de instabilidade da hipótese agrupamento em análise.

Fig. 2.3-8 Métricas para Classes de Hipóteses *Agrupamento*

- *para tarefas de controle*

mapear situações em ações, requer bases representacionais, que consigam gerar hipóteses que aproximem funções-alvos executantes em tarefas de ações de controle. Neste caso, tem sido suficiente escolher hipóteses que maximizem índices indiretos, indicadores de quanto bom tem sido o resultado de cada ação. Tais indicadores podem ser recompensas, recolhidas via índices acusadores de atitude correta. Essa recompensa acontece sem dispor de qualquer supervisão direta, que auxilie na escolha da ação como acontece em uma aprendizagem supervisionada. Assim, as hipóteses são dotadas da habilidade de descobrir as ações que impliquem nas melhores recompensas. Ver detalhes dessas métricas na seção 3.6

Retorno Médio *(Average Return)*	***Retorno Médio Máximo*** *(Maximum Average Return)*
Desvio Padrão dos Retornos *(Standard Deviation of Returns)*	***Retorno Máximo*** *(Maximum Return)*

Fig. 2.3-9 Métricas para Classes de Hipóteses *Controle*

Essas hipóteses envolvem dois tipos de estratégias: - ações que podem levar a recompensa máxima se executadas no curto prazo; e - pré-avaliações ou especulações sobre a consequência, no longo prazo, quando se usa do encadeamento de ações, significando a execução total da tarefa de controle. As hipóteses podem recorrer a dois tipos de recompensa para escolherem as potenciais ações: tentativa-e-erro ou recompensa-retardada.

As métricas mais aplicadas são citadas na figura 2.3-9.

Estas medem, em termos de retornos ou recompensas acumuladas, o desempenho (sucesso) das hipóteses selecionadas ao longo de todo processo de aprendizagem.

c) *Matriz Confusão*

Quando um algoritmo é proposto para aproximar uma determinada função-alvo e os seus resultados são surpreendentemente positivos é natural surgirem questões com diferentes finalidades. As que mais contribuem são aquelas com o intuito de avaliar o quanto de aprofundamento em conhecimento ou eficácia o esforço está trazendo. Depois vem as que se envolvem com a potenciais lacunas técnicas teóricas e práticas ou, ainda, as que apenas foram suscitadas por curiosidade em detalhar mais os meandros da ideia e quem sabe serem reproduzidas em outras oportunidades.

Pois bem, qualquer que seja o tipo de motivação, as questões mais comumente colocadas indagam sobre quais métricas (*Performance Metrics*) tem sido utilizadas para constatar realmente os bons desempenhos apresentados, sob diferentes perspectivas.

balanceamento de classes

Considerando a tarefa específica de previsão de ativos, da área financeira, como uma classificação binária. Nesta tarefa, a cada período de tempo o valor do ativo, como variável dependente, pode assumir apenas uma das duas classes, variação positiva (*subir*) ou negativa (*descer*).

Avaliar a hipótese Modelo, resultante do ciclo de aprendizagem deste tipo de tarefa (classificação binária) impõe escolher métricas de desempenho para algoritmos de classificação binária, que seja eficiente diante do *não balanceamento* na incidência das duas classes. Para melhor entender a importância do *balanceamento* nas decisões, imaginem um outro exemplo que corriqueiramente a indústria farmacêutica se depara, que é a necessidade de detectar cartelas com comprimidos deformados na linha de produção. Qualquer desajuste pode ter uma importante consequência operacional e econômica. Essa tarefa de detecção com certeza é um problema de classificação *não-balanceada*, uma vez que as cartelas devem ser separadas em *descartáveis* e *não-descartáveis*. A classe *descartáveis*, por ser infinitamente menos populada em termos de amostras, impõe que para medir o desempenho da produção, quando auxiliada por um algoritmo de Machine Learning do tipo classificação binária, disponha de uma métrica com sensibilidade diferenciada para cada uma das classes.

No caso dos ativos do setor financeiro de investimentos, quando se considera um período relativamente grande, o número de ocorrências de variações positivas (*subir*) pode apresentar a mesma ordem de grandeza das negativas (*descer*), com ligeiro desbalanceamento para um dos lados. Para um investidor, se este pretende escolher um ativo que está diante de um período de desbalanceamento negativo, isto não significa que o investimento não seja bom, ao contrário, pode representar um "ótimo", embora isso não permaneça por muito longo prazo.

Portanto, deve-se sempre tomar o cuidado para tratar com classes mais ou menos *balanceadas,* a não ser que se esteja diante de uma excepcionalidade, onde as amostras coletadas estejam sendo feita em um período atípico, de uma forte tendência de alta ou de baixa. Em suma, sempre buscar lidar com conjuntos balanceados para as duas classes, no período selecionado.

As métricas de avaliação de desempenho são sensíveis a desbalanceamentos nos dados ou a comportamentos polarizados dos algoritmos de classificação. Então, a maior preocupação que deve existir é recorrer a índices que acusem apropriadamente qualquer um desses tipos de desbalanceamentos.

Aproximar uma tarefa de *classificação* e aplicar a métrica *acurácia,* visto que esta indica a taxa de acertos, grandeza expressa em percentagem, algumas vezes pode apresentar alguns inconvenientes. O maior deles está relacionado ao fato de não explicitar o tipo de desempenho. Numa classificação binária, para a qual se obtém uma excelente acurácia, por exemplo cerca de 80%, não se sabe, no entanto, se o modelo com tal desempenho está conseguindo classificar igualmente e corretamente a maioria das amostras nas duas classes. Em muitos algoritmos supervisionados e não -supervisionados, pode ser que exista uma polarização de classificação para uma das duas classes, ou seja, classifica otimamente bem uma classe e negligencia a outra classe, não lhe atribuindo muitas amostras (desbalanceamento na classificação). Com esse objetivo tem sido ao longo dos anos utilizado o conceito de *Matriz Confusão*, que auxilia bastante a entender o tipo de desbalanceamento que está ocorrendo.

Para verificar se existe tal polarização a *matriz confusão, n*a forma de tabela, ilustrada na figura 2.3-10, sintetiza dados que possibilitam apontar se existe ou não tais polarizações.

A *matriz confusão* mostra as formas nas quais o modelo de classificação está confuso, quando faz suas decisões. Mostra não somente os erros cometidos, mas aponta, também, os diferentes tipos de erros. Consegue ser mais detalhada e específica do que o índice *acurácia*.

Cada linha da matriz representa o número de amostras

previstas em cada uma das duas classes, p.ex. *subir* para variações positivas e *descer* para variações negativas. Nas colunas, sob a denominação realidade, acusa o que acontece, p.ex. *subir* expressa o número de previsões corretas ocorridas para subir, quando na realidade há uma variação positiva

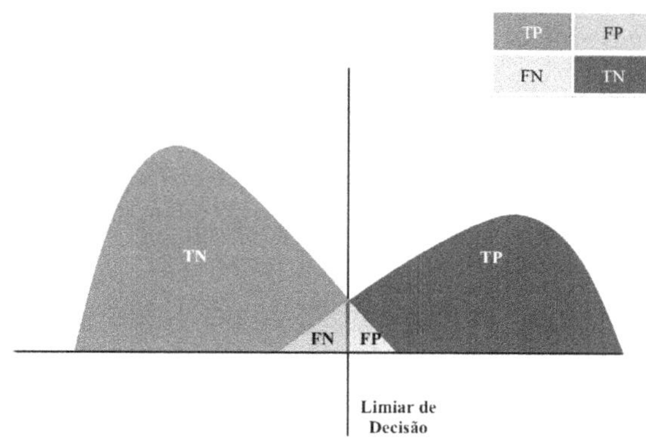

Matriz Confusão

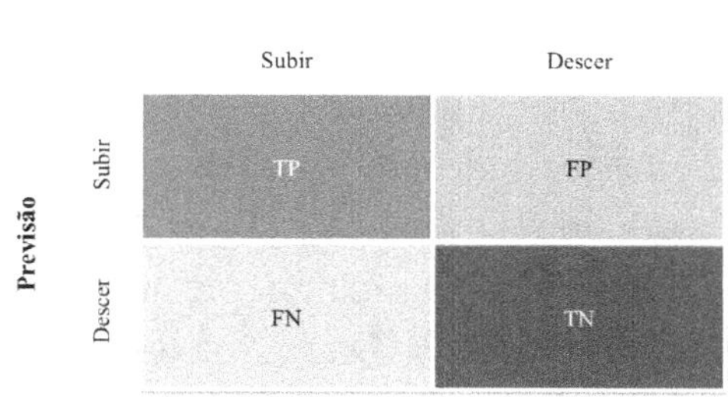

Fig. 2.3-10 Matriz Confusão

Na coluna *descer*, por outro lado, expressa o número de amostras que tinha previsão para *subir*, mas foram mal previstas ou classificadas e na realidade ocorreu uma variação negativa. Na linha de previsão *descer*, podemos interpretar exatamente o contrário.

Dessa forma, a matriz é preenchida com números que representam contagens de classificações corretas e incorretas, sob os seguintes termos:

- *TP* (*true positive*): número de amostras que foram consideradas com potencial de *subir* e que na realidade sofreram variação positiva;
- *FP* (*false positive*): número de amostras que foram consideradas com potencial de *subir* e que na realidade sofreram variação negativa:
- *TN* (*true negative*): número de amostras que foram consideradas com potencial de *descer* e que na realidade sofreram variação negativa;
- *FN* (*false negative*): número de amostras que foram classificadas com potencial de *descer* e que na realidade sofreram variação positiva;

Além da *acurácia*, que foca apenas em previsões corretas, a *matriz confusão* serve para esclarecer qual tipo e em que quantidade as falsas previsões são geradas e quantas podem ser toleradas, de maneira que o desempenho do algoritmo possa ser analisado e considerado ou não, como aceitável. Por exemplo, será que sempre podemos tolerar uma situação com *falsos negativos FNs*? Dado que isso significa fazer uma previsão incorreta para um ativo, prevendo que este vá *descer* e ter a surpresa que houve na verdade uma variação positiva, certamente, isso nem sempre será bem visto por investidores que gostam de comprar ativos quando eles baixam, os denominados "*bulls*".

Por outro lado, será que *falsos positivos* podem ser tolerados? Uma questão que com certeza, tem uma resposta bastante controversa, pois quando ativos previstos de *subir*, na realidade apresentam variações negativas, significando em geral situações de perdas, assustam principalmente aqueles que tem grande aversão a riscos e porque não, pois algumas perdas podem se tornar insustentáveis.

Assim, dada a responsabilidade que as previsões implicam, para evitar tais inconvenientes diferentes métricas tem sido propostas para que se possa obter diferentes perspectivas sobre o comportamento de um modelo. Para a maioria delas, os elementos da *matriz confusão* forma a base das diferentes análises, como podemos ver na figura 2.3-11:

Matriz Confusão & Métricas Usuais

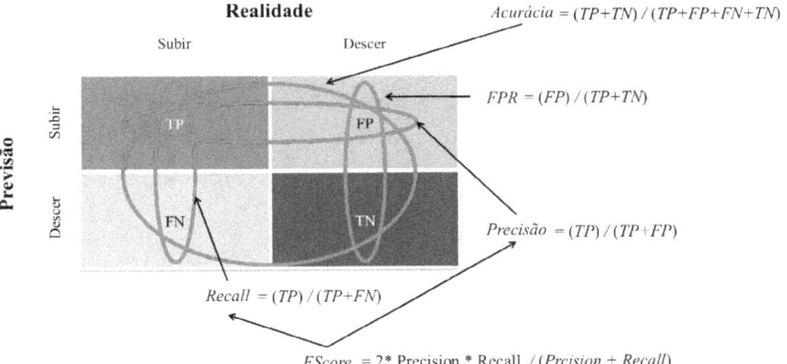

Fig. 2.3-11 Matriz Confusão e Métricas Usuais

3.4. Busca pela Hipótese Ótima

Diante da grande variedade de funções que podem ser utilizadas como métricas, a incorporação de uma que se adeque corretamente aos requisitos do mecanismo de busca, de um algoritmo de aprendizagem tem sido de fundamental importância para que este obtenha sucesso encontrando a melhor hipótese.

Se considerar a busca como um processo de otimização, em geral, esta requer tratamentos matemáticos que impõe uma complexidade adicional sobre o tipo de métrica a utilizar. Dificuldades maiores surgem quando há necessidade de uma grande aderência entre os requisitos matemáticos para aproximar funções-alvo complexas, onde não linearidades estejam presentes e que devem ser contornadas para satisfazer as condições de *continuidade e convexidade* dos critérios de convergência na busca de uma otimização.

Se houverem restrições ou limites impostos pelo sistema a tarefa executada, refletidas no comportamento da função alvo por submetê-la a condições físicas, matemáticas ou lógicas, então qualquer eventual modelagem deve incluí-las no mecanismo de busca. Essas restrições acabam por definir os limites no espaço de hipóteses e por consequência na região de busca pela melhor hipótese.

No processo de otimização localizar o máximo ou o mínimo de uma métrica de desempenho, no interior ou na fronteira de uma região do espaço de hipóteses, significa localizar o ponto ótimo que está contido nessa região. Esse ponto ótimo correspondente, também, a uma hipótese considerada ótima e o mecanismo de busca por essa hipótese acaba por lidar com uma região delimitada, onde se tem um conjunto não nulo de hipóteses. Nestas circunstâncias o estabelecimento dessa região se torna mais complicado, principalmente quando há um aumento significativo no número de variáveis da função-alvo e quando as restrições físicas, matemáticas ou lógicas tornam a base representacional mais complexa.

Inicialmente, de uma forma intuitiva, acreditava-se que haveria métodos de busca que apresentassem desempenho universal, mas a medida que os estudos foram se aprofundando, se chegou a conclusão que nenhum mecanismo de busca é muito melhor que outro, quando o objetivo é localizar o extremo de uma função que exprima o erro empírico.

Em outras palavras, todos os mecanismos de busca apresentam resultados bastante próximos, quando avaliados sobre o conjunto de todas as funções métricas aplicáveis.

A potencialidade de um determinado mecanismo é determinada pelo conhecimento que se tem da métrica, não tendo sentido avaliar o desempenho de uma hipótese sem ter sido, previamente, especificar:

- a característica da função métrica que seja adequada para indicar, comparativamente, quando uma determinada hipótese é *melhor* que outra, com maior ou menor objetividade, considerando qualquer que seja a hipótese, linear ou não-linear, contínua, discreta ou mista,
- a natureza das restrições impostas, de maneira a possibilitar que as métricas sejam analisáveis e que mínimos ou máximos possam ser identificados,
- a região do espaço de hipóteses, onde as hipóteses analisáveis se localizam.

Todos os procedimentos ou métodos de otimização, que podem encontrar mínimos ou máximos de uma função, requerem que seja estabelecido um critério de parada, para ficar bem claro e definido o momento de parar a busca. Nos espaços discretos basta a identificação da hipótese que implique comparativamente no menor erro de desempenho entre todas de um conjunto numerável. Nos contínuos nunca se encontra o valor mínimo da função, então o critério de parada pode ajudar a definir uma hipótese que atenda um critério de proximidade ou vizinhança a um suposto mínimo ou valor de referência.

Observar que, no caso contínuo, o ponto obtido como "ótimo", na verdade pode estar numa vizinhança do ótimo verdadeiro (global) ou estar em um ponto localmente ótimo. Esta vizinhança pode ser tão pequena quanto a precisão das informações utilizadas, mas sempre será necessário arbitrar valores.

Munido de um espaço estruturado por classes de diferentes complexidades e de uma métrica para avaliação de desempenho, o mecanismo de busca explora cada classe de hipóteses em busca daquela que apresente o *melhor* desempenho.

Busca Combinatória

Muitas vezes considerado como método geral para encontrar a solução ótima de problemas que envolvam um conjunto finito e discretizado de soluções.

Um dos mais antigas técnicas, a denominada *Branch and Bound,* utiliza o princípio da busca exaustiva, fazendo a análise de toda e qualquer hipótese como uma possibilidade (2.29). A maioria das alternativas, nesta classe de técnicas, tem se tornado mais eficazes na medida que utilizam heurísticas para evitar varrer o espaço inteiro de hipóteses. Essas heurísticas permitem restringir o espaço de hipóteses em uma região, onde a busca tenha maior potencial de sucesso. Para isso, filtra e não aborda uma grande parte do espaço, utilizando estimativas prévias sobre a quantidade de hipóteses ou dos erros a serem otimizados.

Implicitamente usam da prática de enumerar todas as possibilidades (hipóteses) de solução, armazenando aquelas que tenham maior potencial, denominando-as de *subproblemas*. Usa de uma estrutura de árvore, onde os nós da árvore *não explorados* geram *filhos,* decorrentes da partição do espaço solução em regiões menores, que podem ser varridas recursivamente (*branching*). Utilizam regras de poda de regiões do espaço de busca, por representarem provavelmente soluções sub ótimas (*bounding*), evitando assim buscas desnecessárias. A medida que a árvore toda tem sido explorada, o mecanismo de busca se encontra na posição de apontar aquele nó que representa a melhor solução.

A forma mais natural de interpretar como este método funciona, através da busca em árvore, pode ser o de busca iterativa, onde a cada iteração se constrói sub-árvores de subproblemas (ou subconjuntos do espaço de busca). Primeiro elege uma hipótese como potencial solução inicial, denominando-a de *hipótese potencial* $hp_S(\theta)$. A cada iteração o mecanismo seleciona a partir de uma lista de subespaços não explorados, um novo subespaço sobre o qual quer explorar.

Se uma função hipótese $h_S(\theta)$ qualquer pode ser encontrada com um valor do erro menor do que o gerado por $hp_S(\theta)$, ou seja, $\mathcal{E}\big(f(*), h_S(\theta)\big) < \mathcal{E}\big(f(*), hp_S(\theta_S)\big)$, então a *hipótese potencial* é substituída pela hipótese atual, que passa a ser a *nova hipótese potencial*. Caso contrário, se for provado que naquela região do espaço de busca não há hipótese com menor valor de erro, aquela porção do espaço de hipóteses é eliminada se tornando um nó terminal na árvore. O nó da árvore, associado a *hipótese potencial e* a uma região do espaço de hipóteses, uma vez atualizado serve de base para gerar nós filhos, particionando a região em subespaços menores (não necessariamente estes subespaços são disjuntos). Estes nós filhos gerados são agregados a árvore de busca.

Esse procedimento continua até o ponto onde não se encontra mais subespaços, tendo então o mecanismo de busca a condição de eleger a *hipótese potencial*, como a melhor de todo o espaço, segundo o critério do menor erro, calcado na métrica adotada para $\mathscr{E}\left(f(*),\ h_S(\theta)\right)$.

Na descrição genérica acima não fica claro que existem três componentes importantes que condicionam o desempenho desse mecanismo de busca e que possibilitam alternativas de varredura do referido espaço de busca. Essas componentes tem sido objeto de vários esforços de investigação para torná-las mais gerais ou específicas:

a. *Estratégia de Busca* (Ordem na Exploração da Árvore): determina a ordem na qual são selecionados os nós (subproblemas ou subespaços). A escolha da estratégia envolve eficiência temporal computacional, relativa ao tempo de processamento e ao tamanho de memória utilizada. Esta eficiência passa a ter um papel importante quando se trata de problemas complexos ou espaço de hipóteses muito grande. As estratégias, mais aplicadas, para auxiliar na definição da estratégia de busca são:

- *Profundidade Primeiro (Depth-First Search)* [2.30] estratégia muito utilizada em algoritmos que modelam o problema de busca como o de percorrer grafos. Tem sido implementada pela manutenção de uma lista de subespaços não explorados, como uma pilha.

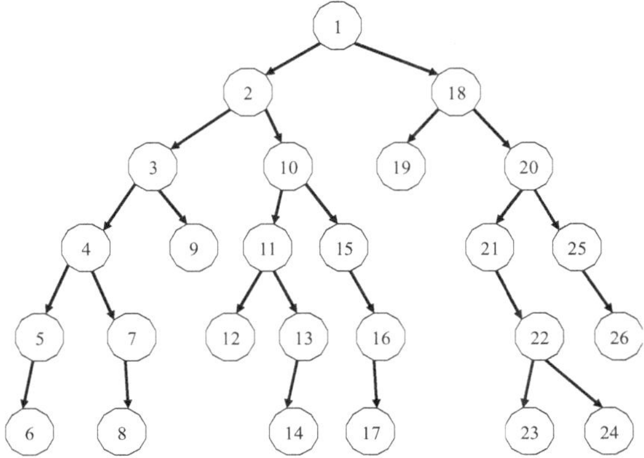

Fig. 2.3-12 Busca em Profundidade Primeiro

Sempre escolhe o topo da pilha, remove o item do topo para escolher o próximo subespaço a explorar e assim que gera os filhos (nós da árvore) como resultado da estratégia de partição do subespaço, insere-os no topo da pilha. O próximo subespaço, que deve ser explorado, será o mais recente subespaço a ser gerado. Ver exemplo na figura 2.3- 12.

Nas implementações eficientes deste método, os algoritmos focam em armazenar apenas o caminho da raiz da árvore até o subespaço atual e o índice do último filho-subespaço explorado. A cada iteração o próximo filho não explorado é selecionado para análise e caso não exista mais nenhum filho, o método propõe uma volta-a-traz (*backtracks*) para o nó antecessor mais próximo, que tenha filhos ainda não explorados.

Dois aspectos são importantes na sua aplicação: - a possibilidade do algoritmo perder muito tempo de busca em regiões não férteis do espaço de hipóteses, onde hipóteses não eficientes se encontram; - para árvores desbalanceadas, onde existe uma solução ótima próxima da raiz, corre-se o risco do mecanismo preferir um caminho de busca em profundidade, conduzindo a um gasto enorme de tempo antes de encontrar a solução ótima.

Alternativas de modificar a estratégia de busca em profundidade tem sido propostas, melhorando-a consideravelmente, como as técnicas *iteractive deepening* [2.31] ou *interleaved depth-first search* [2.32].

- *Largura Primeiro (*Breadth-First Search*)* [2.30]
  sendo uma contraposição a busca em profundidade, esta estratégia de busca se concentra na exploração de todos os subespaços em um determinado nível antes de descer em profundidade na árvore de alternativas. A cada descida em profundidade, o mecanismo se distancia da raiz. Ver exemplo figura 2.3- 13.

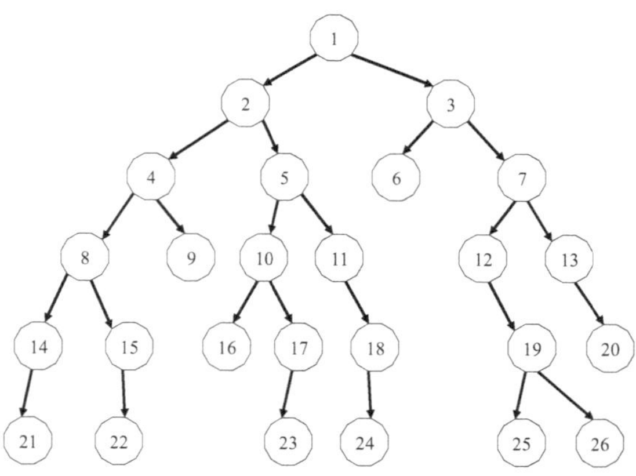

Fig. 2.3-13 Busca em Largura Primeiro

Esta estratégia tem a vantagem de sempre encontrar

uma solução ótima, mais próxima da raiz da árvore, qualquer que seja a distribuição de nós, balanceada ou não. Tem a desvantagem de requerer muita memória de armazenamento, quando hipóteses ótimas se encontrarem numa profundidade muito distante da raiz da árvore.

Na ausência de regras de poda certos métodos do tipo *Profundidade Primeiro* exploram esta mesma sequência de nós, mas com a vantagem de necessitarem uma menor quantidade de memória de armazenamento.

- *Melhor Primeiro* (Best-First Search ou A*):

em situações onde se dispõe de recursos computacionais que podem armazenar a árvore inteira de busca, ainda não explorada, esta estratégia pode alcançar resultados melhores. Ver exemplo na figura 2.3- 14.

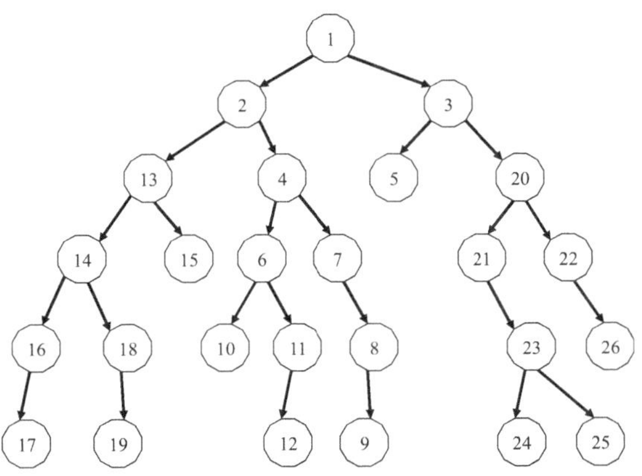

Fig. 2.3-14 Busca Melhor Primeiro

Utilizam uma heurística que calcula o valor de uma *função custo* para todos os nós ainda não explorados e seleciona como próximo nó aquele que minimiza essa *função custo*. A heurística pode ser formulada pela seguinte equação:

$$h(n) \leq f(n) + g(n)$$

onde:

n: nó atual, $f(n)$: *custo* do caminho escolhido, entre a raiz e o nó atual, e $g(n)$: uma estimativa do *custo* do caminho entre o nó atual e a meta.

Esta função satisfaz a restrição de ser *monofônica*. Há muitas alternativas para a função $h(n)$, que podem ir desde correlações entre solução e subespaços, até uso de funções probabilísticas que tem a capacidade de medir a qualidade de uma solução.

Apresenta vantagens sobre as estratégias anteriores, pois não privilegia nenhuma ramificação da árvore *a priori,* sendo capaz de encontrar boas soluções de forma antecipada, porque explora um número reduzido de subespaços.

A estratégia conhecida como *Beam Search* e *Greedy*, como uma das alternativas dessa classe, procura otimizar este método, reduzindo os requisitos de memória através da limitação do número de nós candidatos [2.34].

b. *Estratégia de Partição do Espaço* (Geração de Nós):
a escolha da estratégia de partição do espaço de hipóteses define quantos nós ou subespaços podem, ou são gerados efetivamente, a partir de um nó ou subespaço. Estas estratégias de partição são de dois tipos:

- *Partição Binária (ver exemplos ilustração nas figuras*

anteriores): foca em subdividir um espaço em dois subespaços, mutuamente exclusivos, e menores. Cada espaço inclui hipóteses que apresentam condições e restrições que as tornam excludentes e as caracterizam como soluções diferentes.

- *Partição Não-Binária*: mais abrangentes que a *partição binária* estas estratégias focam em selecionar uma hipótese dentro de um conjunto de opções de hipóteses. Potencialmente, conseguem reduzir de forma eficaz o tamanho das árvores de busca, dado que reduzem a sequência de subespaços a serem particionados.

c. *Regras de Poda* (Eliminação de Regiões Sub-Ótimas):
a escolha de um conjunto de regras para exclusão de subespaços é fundamental, uma vez que torna eficaz o mecanismo de busca. Para uma estratégia de busca qualquer nó que não pode ser excluído pelas regras de poda, deve ser então explorado, mesmo que se saiba de antemão que a solução a ser encontrada será sub-ótima. Isso implica que para se reduzir o tamanho da árvore de busca e ganhar tempo necessita-se aplicar boas regras de poda.
Existem diferentes classes de regras de poda [2.33], muitas centradas para resolver problemas específicos e pode-se dizer que não existem regras mais ou menos gerais. Cada problema requer a geração de uma regra de poda específica.

Em suma, observa-se aspectos importantes que devem ser considerados na aplicação dos mecanismos de busca, quando se trata de encontrar hipóteses em espaços discretizados, como:
- muitas buscas no espaço de hipóteses ocorrem de maneira combinatória e podem ser modeladas como um problema de achar caminhos ótimos em grafos,

- as estratégias de busca *Largura-Primeiro* e *Profundidade-Primeiro* podem encontrar uma hipótese solução, sem requerer conhecimento extra sobre o problema, nem tampouco sobre a árvore de busca,
- a estratégia *Melhor-Primeiro* ou A* utiliza uma função heurística que estima o custo para se chegar na hipótese solução, mesmo que seja de forma mais aproximada possível, benéfico para não se correr o risco de encontrar um caminho que não seja o de menor custo.

Busca Contínua

Dependendo da tarefa a ser executada e da base representacional utilizada, o espaço de hipóteses gerado tem a característica de ser contínuo.

Como consequência a métrica de desempenho deve apresentar a propriedade de mensurar valores no domínio contínuo, pelo menos dentro da região definida pelas restrições associadas a tarefa.

Nessas condições o mecanismo de busca se torna um processo de otimização numérica, que conta com métodos eficientes e robustos para tratar com a maioria dos casos, atuando sobre amostras independentes, multivariáveis (multidimensional) e não-lineares.

Essas características passam a serem importantes, pois os procedimentos para buscar a melhor hipótese são iterativos. Caso contrário, se forem do tipo *tentativa e erro*, a busca torna-se impraticável do ponto de vista computacional, dado que não conseguem apresentar repostas em tempo hábil. Essa ineficiência na prática ocorre quando as amostras tem características multidimensionais envolvendo mais de 3 ou 4 variáveis (atributos).

Os mecanismos de busca para atuarem com sucesso no espaço contínuo devem ser robustos, no sentido de encontrarem pelo menos uma hipótese que seja aceitável. São uma preocupação constante, quando as métricas apresentam situações de não linearidade. Neste caso, os mecanismos devem evitar as dificuldades que surgem na busca de um mínimo ou máximo de uma função como: pontos de sela, regiões não convexas, múltiplos extremos, entre as mais comuns.

Quando as métricas não apresentam restrições, por consequência o mecanismo de busca também fica sem restrições. Assim, o objetivo de encontrar uma função hipótese $h_S(\theta)$ pode ser expresso por uma formulação simples do tipo:

$$\min_{S} \mathscr{E}(f(*), h_S(\theta))$$

onde $\mathscr{E}\left(f(*), h_S(\theta)\right): \mathbb{R}^d \rightarrow \mathbb{R}$, representa um espaço aberto.

Nessa situação encontrar a hipótese ótima tem solução e esta é única, desde que $\mathscr{E}\left(f(*), h_S(\theta)\right)$ seja diferenciável, convexa e preencha a condição necessária e suficiente de:

$$\nabla \mathscr{E}\left(f(*), h_S(\theta)\right)] = 0$$

Resolver essa equação de minimização, sem restrições, é similar a encontrar a solução analítica da equação anterior, para um conjunto de n variáveis independentes através de n equações, que descrevam os diversos comportamentos da função-alvo $f(*)$.

Na prática muito poucos são os casos em que se consegue encontrar uma solução a esse problema de minimização de forma analítica, favorecendo assim a aplicação de métodos iterativos.

Os métodos iterativos produzem uma sequência de minimização baseada em amostras. Procura passo-a-passo ajustar os valores dos parâmetros, presentes na base representacional das hipóteses.

Esse passo-a-passo pode ser descrito pela seguinte equação:

$$\theta^{(k+1)} = \theta^{(k)} + t^{(k)} \Delta\theta^{(k)}$$

onde:

$\theta^{(k+1)}$ e $\theta^{(k)}$: são dois conjuntos de parâmetros, em dois instantes diferentes $(k + 1)$ e (k), no curso das iterações;

$t^{(k)} \geq 0$: escalar que define o degrau da busca durante a iteração k, exceto quando a amostra de entrada $x^{(k)}$ resulta em encontrar a hipótese ótima $t^{(k)} = 0$;

$\Delta\theta^{(k)}$: vetor no espaço $\mathbb{R}^d$ (domínio da função métrica com dimensionalidade d). Representa o valor do degrau ou da direção de busca;

$k = 0, 1, \ldots$: denota o número da iteração durante o procedimento de busca;

Os ajustes dos parâmetros, para garantirem encontrar a hipótese de melhor desempenho, devem sempre procurar o caminho que satisfaça a condição de minimização dada por:

$$\mathscr{E}\left(f(*),\ h_S\!\left(\theta^{(k+1)}\right)\right) < \mathscr{E}\left(f(*),\ h_S\!\left(\theta^{(k)}\right)\right)$$

A hipótese definida pelos parâmetros $\theta^{(k+1)}$ na iteração $(k + 1)$, teoricamente, deve ter desempenho melhor que a hipótese definida pelo conjunto $\theta^{(k)}$ na iteração (k).

De forma genérica, a maioria dos métodos de busca iterativos, empreendem um processo de atualização de parâmetros, no regime de passo-a-passo, até atingir um ponto no qual se consegue determinar a hipótese solução, descendo na superfície da métrica (indiretamente através dos valores dos parâmetros), como ilustrado na figura 2.3- 15.

A hipótese solução, denominada *ótima*, quando satisfaz a condição de decrescimento de um passo a outro, deve também satisfazer o requisito de $\mathcal{E}\left(f(*), h_S\left(\theta^{(k)}\right)\right) \leq \delta$, onde $\delta > 0$ representa a tolerância ou aproximação permitida.

A maioria dos métodos se baseiam numa lógica de busca em duas etapas, que se alternam até que a tolerância mencionada seja alcançada:

- ponto de partida estável $\theta^{(0)}$, que deve ser preenchido para que a métrica $\mathcal{E}\left(f(*), h_S(\theta^{(0)})\right)$ tenha aplicabilidade dentro de domínio da tarefa, $h_S\left(\theta^{(0)}\right) : y_j^{(0)} \longrightarrow y_j^{*\,(0)}$;

- calcular a direção de busca da solução dentro do espaço de hipóteses ou do domínio da métrica $\mathcal{E}\left(f(*), h_S\left(\theta^{(k)}\right)\right)$. A diferença entre os vários mecanismos de busca, em espaços contínuos, está na maneira como se obtém a direção de busca.

Alguns utilizam a própria função métrica para definir a direção de busca, enquanto que outros, mais eficientes, utilizam as derivadas dessa função. Estes últimos, denominados de métodos indiretos, apresentam a vantagem de encontrarem a solução em um menor tempo de processamento.

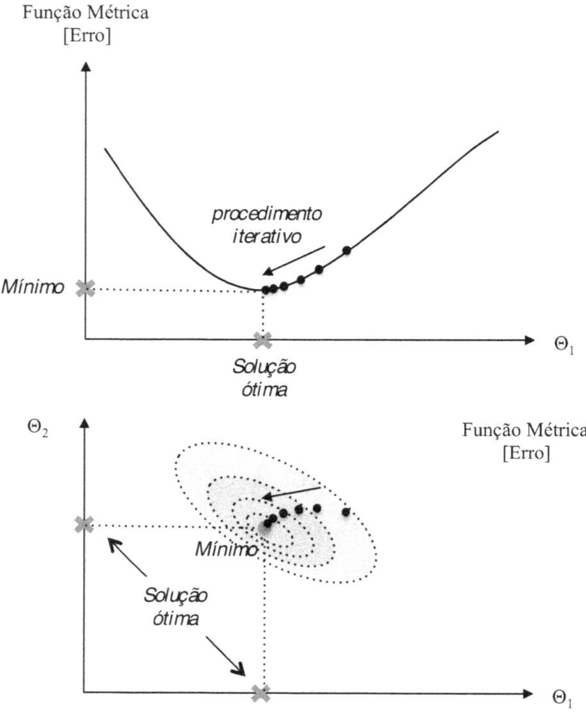

Fig. 2.3-15 Mecanismo de Busca Iterativo em Espaços Contínuos

As derivadas servem para indicar as direções descendentes na busca, com o intuito de atingir o mínimo na função métrica. Dependendo de como estas derivadas são calculadas os mecanismos podem estar em uma das três categorias:

de Primeira Ordem: Gradiente Descendente, Gradiente

Máxima Descida (Steepest Gradient) e Gradiente Conjugado;
- *de Segunda Ordem*: Gauss-Newton, Levenberg-Marquardt;
- *Quasi-Newton (Secante)*: Davidson-Fletcher-Powell (DFP), Broyden-Fletcher-Goldfarb-Shano (BFGS), Broyden.

Seguem alguns detalhes sobre os mecanismos da categoria que usa derivadas de *Primeira Ordem*, uma vez que os outros embora mais sofisticados, tem mostrado na prática dificuldade de apresentarem eficácia do ponto de vista de processamento, principalmente, quando as amostras são descritas por um grande número de variáveis:

- *Mecanismos com Gradiente Descendente*
  um dos métodos de otimização [2.34] mais populares. Tem como meta procurar o mínimo de uma função métrica, considerando que as hipóteses $h_S(\theta)$ são descritas por valores contínuos do espaço de parâmetros θ.
  O mínimo, descrito por seu conjunto de parâmetros, determina a *melhor* hipótese. Este mínimo é atingido através de um procedimento de busca iterativa, onde a atualização passo-a-passo dos parâmetros θ, sempre, vai na direção oposta ao indicado pelo gradiente da função métrica.
  Os algoritmos que implementam estes mecanismos em tempo real *(on-line)* são bastantes eficientes. Os fatores que mais tem impacto sobre a eficiência desses algoritmos são a forma na qual as amostras são submetidas e a quantidade utilizadas para calcular os degraus $\Delta\theta^{(k)}$, ao longo da exploração da função métrica dentro de cada classe S, do espaço de hipóteses. Esses degraus $\Delta\theta^{(k)}$, pelo fato de influenciarem diretamente a eficiência da busca, devem ser cuidadosamente restritos a uma gama de valores, que não

impactem a acurácia na determinação do mínimo. Existe um compromisso entre tempo de atualização dos parâmetros e sucesso na convergência. Maior o passo na atualização dos parâmetros θ, menor é o tempo de processamento, no entanto, mais difícil obter a convergência para atingir os valores mínimos.

No modo tempo diferido (*batch*), esse mecanismo é, comumente, conhecido como *Vanilla Gradient Descent* na língua Inglesa. O cálculo dos gradientes é obtido sobre os valores do erro empírico, calculado em função dos parâmetros θ. A adaptação dos parâmetros segue a regra dada pela seguinte equação iterativa:

$$\theta^{(k+1)} = \theta^{(k)} - \eta^{(k)} \nabla [\mathscr{E}\left(f(*), h_S\left(\theta^{(k)}\right)\right)]$$

onde $\eta^{(k)}$ pode ser usada como uma taxa de aprendizagem no lugar do fator de escala. Os degraus de adaptações dos parâmetros são determinados por:

$$\Delta\theta^{(k)} = - \nabla [\mathscr{E}\left(f(*), h_S\left(\theta^{(k)}\right)\right)$$

com $h_S(\theta) : x_j \longrightarrow y_j^*$ para todo x_j pertencente ao conjunto de Treinamento.

Na medida que todo o conjunto de Treinamento é usado para calcular cada valor de gradiente, o mecanismo se torna muito lento e passa a ser inaplicável para aprendizagens sobre grandes conjuntos de amostras.

No entanto, esta abordagem tem a particularidade de convergir para um mínimo global, quando a função métrica se trata de uma função convexa. Quando esta condição não pode ser garantida, o mecanismo pode convergir para um mínimo local.

Para situações onde a aprendizagem *incremental* (on line) é a melhor alternativa, a opção é utilizar o mecanismo *Gradiente Descendente Estocástico (Stochastic Descent*

Gradient) (2.35), que tem como regra efetuar, a cada amostra de entrada, apenas uma iteração de atualização dos parâmetros θ. Tem a particularidade de que cada amostra é selecionada aleatoriamente dentro do conjunto de Treinamento. Tem se provado muito mais rápido e aplicável para situações de tempo real.

Em qualquer das modalidades, tempo diferido ou real, por causa da função métrica e os valores das derivadas, esses métodos acabam por apresentar oscilações com alta variância no processo de convergência. Isso ocorre dado que as atualizações podem acontecer na mesma frequência que ocorrem as amostras de entrada. Isto pode levar a encontrar mínimos locais que não necessariamente sejam estáveis e/ou permanecem oscilando em torno do mínimo até que aconteça a convergência.

Para contornar esses efeitos perturbadores diminui-se o valor da taxa de aprendizagem η que, assim, conduz a uma variação suave, para um mínimo local (quando se trata de funções métricas não-convexas) ou global (para as convexas).

Em muitas aplicações a modalidade mista *mini-batch* (*Mini-batch Gradient Descent*) tem sido muito utilizada para amenizar os problemas encontrados nos modos, *batch* e *incremental*. Tem como norte aproveitar o melhor das duas modalidades, realizando atualizações dos parâmetros a cada conjunto de p amostras de Treinamento $(j \rightarrow j + p)$. O número p deve ser, necessariamente, pequeno para permitir aplicações em tempo real ou quasi-real e, suficientemente, grande para melhorar a acurácia e a estabilidade na convergência. As atualizações de parâmetros são regidas, então, pela seguinte regra:

$$\theta^{(k+p)} = \theta^{(k)} - \eta^{(k)} \, \nabla [\mathscr{E}\left(f(*), h_S(\theta^{(k)})\right)]$$

considerando $\mathscr{E}\left(f(*), h_S(\theta^{(k)})\right)$ a medida de erro empírico calculado para conjuntos de p amostras de Treinamento.

Reduzindo a variância nas atualizações dos parâmetros, consegue-se uma convergência mais estável, além de tempos de processamento mais práticos, quando manipula conjuntos de 50 a 200 amostras de Treinamento, dependendo da tarefa.

Mesmo aproveitando as melhores características dos dois modos, não se tem certeza de que se obtém uma boa convergência, quando:

- as amostras são esparsas.

- não se quer atualizar todos os parâmetros ao mesmo tempo, mas fazer apenas algumas adaptações em conformidade com a ocorrência de certas amostras, ou de maneira adaptativa fazer atualizações maiores para amostras menos incidentes e menores para as mais incidentes.

- encontrar uma taxa de aprendizagem adequada para cada tarefa se mostra difícil. Às vezes, usar valores pequenos leva muito tempo e consome muito processamento na convergência e usar valores altos podem impedir convergência. Valores altos podem levar o mecanismo de busca a ficar oscilando no entorno da solução ótima ou até causar divergência.

- *Mecanismos de Busca com Aceleradores de Convergência*
Para melhorar o desempenho dos métodos *Gradiente Descendente,* face as dificuldades apontadas, algumas técnicas alternativas foram introduzidas com muito bons resultados e são brevemente descritas na sequência:

135

- *Momento (Momentum)* (2.36)

considerando que a função métrica possa apresentar regiões com variações maiores ou mais íngremes em uma direção do que em outras, o que parece ocorrer com mais frequência nos entornos de ótimos locais, o mecanismo de busca pode ficar oscilando nessas descidas em vez de caminhar para o ótimo local.

A técnica *Momento* se aproveita dessa particularidade e tenta acelerar a busca na direção relevante, evitando potenciais oscilações. Este resultado é conseguido pela adição de uma fração da quantidade da adaptação feita na iteração precedente, além da quantidade de atualização na iteração presente, conforme as seguintes equações:

$$v_j^{(k)} = \gamma\, v_j^{(k-1)} + \eta^{(k)}\, \nabla[\mathscr{E}\Big(f(*), h_S\big(\theta^{(k)}\big)\Big)]$$

$$\theta_{S_j}^{(k+1)} = \theta_{S_j}^{(k)} - v_j^{(k)}$$

A utilização do escalar γ, denominado de *momento* em analogia ao conceito da Física, auxilia na atualização dos parâmetros, forçando a descida na superfície da métrica ser mais rápida, na medida que as correções são maiores. Existe um acumulo de variações que vai ocorrendo e ganhando intensidade cada vez maior para adaptar os parâmetros e continua assim, enquanto as variações na métrica ocorrerem na mesma direção. Quando começa existir uma certa resistência, pela inversão no sinal dos gradientes, provocada por variações contrárias na função métrica, há uma redução da intensidade das atualizações até que seja alcançada a solução ótima. Isso leva a ganhar velocidade na convergência e a evitar potenciais oscilações.

- *Aceleração de Nesterov (Nesterov Accelerated Gradient)* (2.37)

como visto a técnica *Momento* acelera a convergência baseando-se nas variações da função métrica, mas não considera a direção dessas variações, que pode ser usada para acelerações mais *inteligentes*. A técnica Nesterov permite que as atualizações sejam baseadas no conhecimento mais específico sobre o *momento*. Sendo ciente de onde está ocorrendo as variações e sabendo freá-las antes de entrar em uma região de aceleração ou, contrariamente, acelerar antes de entrar em região de desaceleração na função métrica, se consegue ser mais eficiente. Com este princípio de busca, pelo conhecimento do contexto, os mecanismos que usam a técnica Nesterov aceleram a convergência usando as seguintes equações:

$$\nu^{(k)} = \gamma \, \nu^{(k-1)}$$
$$+ \, \eta^{(k)} \, \nabla \left[\mathscr{E}\left(f(*), h_S\left(\theta^{(k)} - \gamma \, \nu^{(k-1)} \right) \right) \right]$$

$$\theta^{(k+1)} = \theta^{(k)} - \nu^{(k)}$$

Isso significa olhar para o futuro $\left(\theta^{(k)} - \gamma \, \nu^{(k-1)} \right)$, tentando extrair do comportamento da aproximação (erro) proposta pela função hipótese. Do desempenho quantificado pelo valor do gradiente, estima-se qual deve ser a quantidade de atualização dos parâmetros na próxima iteração. Avalia o cálculo do valor da hipótese $\left(\theta^{(k)} - \gamma \, \nu^{(k-1)} \right)$ e do gradiente da função métrica

$$\mathscr{E}\left(f(*), h_S\left(\theta^{(k)} - \gamma\, \upsilon^{(k-1)} \right) \right)$$ na iteração (k), como uma antecipação do que vai acontecer na próxima iteração. Tem-se, assim, uma aproximação do comportamento desse futuro, olhando apenas para o que se estima o que vai acontecer, de forma aproximada com os parâmetros. Com atualização antecipada consegue-se evitar de ir muito rápido e adapta-se com mais harmonia às inversões na inclinação na função métrica.

Muitas outras alternativas de aceleradores tem sido propostas para adaptar os parâmetros das funções hipóteses, como evoluções do *Gradiente Descendente Estocástico* (SGD). Muitas por serem apropriadas para tarefas em tempo real ou quasi-real, acabam despertar muito interesse prático, por exemplo:

- *ADAGRAD [Adaptive Gradient]* [2.38]
  adapta a taxa de aprendizado dos parâmetros de forma inversamente proporcional a raiz quadrada da soma de todos os valores passados. Muito simples de implementar, avalia os parâmetros para identificar aqueles com maior derivada parcial, permitindo que tenham uma rápida adaptação da taxa de aprendizagem, enquanto que os com pequenas derivadas parciais tem sua taxa de aprendizagem adaptada mais lentamente.
  Em termos de ocorrência, pode-se dizer que usa da heurística de atualizar com maior intensidade parâmetros que são adaptados com menor frequência e com menor intensidade os parâmetros que são adaptados de maneira mais frequente. Melhora muito a convergência tornando-a mais rápida e confiável do que a sua versão convencional, principalmente, quando a

escala de valores dos parâmetros é muito diferente. Pode aplicar diferentes taxas de aprendizagem para cada parâmetro. Resulta em maior progresso de convergência nas direções mais levemente inclinadas no espaço de parâmetros.

Tem como ônus armazenar o histórico dos cálculos dos quadrados dos gradientes e apresenta a desvantagem de permitir que a taxa de aprendizagem se torne muito pequena, de forma que não consiga mais utilizar as variações na função métrica no processo de Treinamento. Resultados práticos tem mostrado que durante o Treinamento o efeito da acumulação do histórico dos gradientes ao quadrado implica numa diminuição prematura e demasiada da taxa de aprendizagem, levando a necessidade de correções. Tem a vantagem de ser mais adequado para tratar com dados esparsos, melhorando muito a robustez e eliminando a necessidade de sintonizar manualmente a taxa de aprendizagem. Regido pelas seguintes equações:

$$g^{(k)} = \nabla\left[\mathscr{E}\left(f(*), h_S\left(\theta^{(k)}\right)\right)\right]$$

$$G = \sum_{i=0}^{(k)} \left(g^{(i)}\right)^2$$

$$\theta^{(k+1)} = \theta^{(k)} - \eta^{(k)} \frac{g^{(k)}}{\sqrt[2]{G}}$$

onde:

139

$\theta^{(k)}$: vetor parâmetro na iteração (k),

$g^{(k))}$: vetor gradiente calculado durante a iteração (k),

G : escalar calculado sobre o histório da soma dos quadrados dos gradientes até a iteração (k) .

- *ADADELTA* (2.39)

procura reduzir a taxa de aprendizagem como definida pelo ADAGRAD, que se mostra intensa e sistematicamente monotônica decrescente. Para tanto, restringe a janela do histórico de acumulação dos gradientes para um tamanho fixo pré-definido e, recursivamente, calcula a média dos (k) últimos gradientes elevados ao quadrado. Não há necessidade de aplicar uma taxa de aprendizagem. As atualizações dos parâmetros são regidas pelo conjunto das seguintes equações:

$$g^{(k)} = \nabla \left[\mathscr{E}\left(f(*), h_S\left(\theta^{(k)} \right) \right) \right]$$

$$E\left[g^{(k)} \right] = \gamma E\left[g^{(k-1)} \right] + (1 - \gamma)\left(g^{(k)} \right)^2$$

$$\Delta \theta^{(k)} = - \eta^{(k)} \frac{g^{(k)}}{\sqrt[2]{E\left[g^{(k)} \right]}}$$

$$E\left[\left(\Delta \theta^{(k)} \right)^2 \right] = \gamma E\left[\left(\Delta \theta^{(k-1)} \right)^2 \right] + (1 - \gamma)\left(\Delta \theta^{(k)} \right)^2$$

$$\theta^{(k+1)} = \theta^{(k)} - \frac{\sqrt[2]{E\left[(\Delta\theta^{(k-1)})^2\right]}}{\sqrt[2]{E\left[(\Delta\theta^{(k)})^2\right]}} \, g^{(k)}$$

onde:

$\theta^{(k)}$: vetor parâmetro na iteração (k),

$g^{(k))}$: vetor gradiente calculado durante a iteração (k),

$E\left[g^{(k)}\right]$: escalar calculado, como valor esperado dos gradientes, até a iteração (k),

$E\left[(\Delta\theta^{(k)})^2\right]$: escalar calculado como valor esperado das atualizações dos parâmetros até a iteração (k).

- *ADAM [Adaptive Moment Estimation]* (2.40)

  adapta a taxa de aprendizagem de cada parâmetro, a partir de estimativas dos momentos de primeira e segunda ordem dos seus respectivos gradientes. Calcula médias móveis como estimativas de primeiro e segundo momento, considerando valores iniciais *zero* e utiliza valores corrigidos destes para compensar eventuais polarizações. Tem se mostrado uma alternativa bastante interessante do ponto de vista desempenho temporal. Tem as atualizações dos parâmetros definidas pelas seguintes equações:

$$g^{(k)} = \nabla\left[\mathscr{E}\left(f(*), h_S\left(\theta^{(k)}\right)\right)\right]$$

$$m^{(k)} = \beta_1 \, m^{(k-1)} + \left(1 - \beta_1\right) g^{(k)}$$

$$v^{(k)} = \beta_2 \, m \, v^{(k-1)} + \left(1 - \beta_2\right)\left(g^{(k)}\right)^2$$

$$\overline{m^{(k)}} = \frac{m^{(k)}}{\sqrt[2]{1 - \beta_1{}^k}}$$

$$\overline{v^{(k)}} = \frac{v^{(k)}}{\sqrt[2]{1 - \beta_2{}^k}}$$

$$\theta^{(k+1)} = \theta^{(k)} - \frac{\eta^{(k)}\overline{m^{(k)}}}{\sqrt[2]{\overline{v^{(k)}}}}$$

onde:
$\theta^{(k)}$: vetor parâmetro na iteração $\left(k\right)$,

$g^{(k))}$: vetor gradiente calculado na iteração $\left(k\right)$,

$m^{(k)}$ e $v^{(k)}$: são valores estimados para os primeiro e segundo momentos dos gradientes.

$\overline{m^{(k)}}$ e $\overline{v^{(k)}}$: são valores corrigidos dos respectivos momentos.

Cada uma das alternativas de evolução do *Gradiente Descendente* anteriormente descritas tem pontos fortes e fracos, o que leva a ponderar uma eventual escolha pela opção mais apropriada, analisando melhor o ambiente e os requisitos do projeto.

Em circunstâncias de prototipação rápida, os métodos baseados nas técnicas adaptativas, como ADAGRAD e ADAM demonstram resultados rapidamente, sem grandes esforços de sintonização, pois em muitos dos casos as alternativas mais simples de aceleração como *Momento* tem apresentado resultados melhores.

Por outro lado, a eficiência dos métodos dependem mais do compromisso entre o tempo de processamento para obter uma solução melhor e quanto de aumento no desempenho se obtém. Muito do tempo adicional de processamento depende do método e de quanto tempo é necessário para escapar de mínimos locais, que não sejam a solução procurada.

No caso de mecanismos iterativos, na modalidade incremental, deve sempre ser verificado os erros de Treinamento e Validação, para constatar se estes efetivamente diminuem, pois caso contrario devem ser efetuadas alterações no mecanismo ou usar alguma outra alternativa.

Mecanismos que adequam ou ajustam a taxa de aprendizagem devem sempre ser acompanhados em seus processamentos e as suas adaptações avaliadas, para que se consiga evitar oscilações ou dificuldade na convergência.

Desempenho dos métodos *estocásticos* podem ser melhorados exponencialmente, utilizando *processamento paralelo,* conforme algoritmos e arquiteturas implementadas que tem motivado trabalhos recentes, dado os resultados que podem obter [2.41]: *Tensor Flow, Elastic Averaging, Hogwild, Downpour e Delay-Tolerant.* A referência apresentada abrange uma vasta lista de implementações indo desde *Batch Normalization, Early Stopping, Shuffling - Curriculum Learning* até *Gradient Noise.*

Em suma, considerando a aprendizagem como um problema de busca dentro do espaço de hipóteses, duas grandes classes de mecanismos podem ser aplicados, dependendo do tipo de tarefa: - os mecanismos de análise combinatória para espaços discretos e os baseados em métodos de otimização para os espaços contínuos. Para cada classe, deve ser considerada uma estratégica específica para conduzir de maneira inteligente as diversas buscas. Na classe voltada ao espaços discretos, algoritmos e heurísticas, que conduzem buscas inteligentes dentro do princípio da força bruta. Por outro lado, quando o espaço é contínuo, os métodos de Gradiente Descendente e suas alternativas configuram um campo enorme de opções que devem ser cuidadosamente analisadas face aos requisitos da aprendizagem.

3.5.   Capacidade Representacional

Relembrando que a aprendizagem do comportamento de um fenômeno ou de uma tarefa, executada por uma função-alvo $f(*)$ desconhecida, pode acontecer quando há o seguinte conjunto de circunstâncias:

- um conjunto de amostras suficientemente representativo do comportamento da tarefa e estatisticamente,
- um espaço de hipóteses organizado e estruturado em uma sequência encadeada de classes de complexidade crescente,
- um critério de avaliação de desempenho baseado em uma métrica [*no caso de espaços contínuos essa métrica deve ser uma função convexa, diferenciável de segunda ordem*] que expresse o desempenho das hipóteses no mundo real, e
- um mecanismo de busca para atuar no espaço de hipóteses, procurando pela hipótese que melhor satisfaça o critério de avaliação.

Devido ao conjunto de amostra de dados ser finito e, potencialmente, não representativo de todas as situações do mundo real, não se consegue fornecer garantias absolutas sobre o desempenho das hipóteses selecionadas.

Nesse sentido, não basta encontrar a melhor hipótese segundo algum critério de desempenho, pois é necessário assegurar que esta, a servir de modelo, tenha a capacidade pretendida de representação da função-alvo e garanta a execução da tarefa, qualquer que sejam as situações de execução.

Para encontrar uma solução, assim ampla, estudos teóricos tem sido conduzidos através duas abordagens, resumidas a seguir:

a. *Minimização do Risco Estrutural* (2.42)

baseada na Teoria VC [*VC Dimension*], esta abordagem define um caminho para encontrar uma hipótese com boa capacidade de generalização, minimizando a combinação do *risco empírico* e a *complexidade* das classes de hipóteses.

A teoria da *Minimização do Risco Estrutural [Structural Risk Minimization]* estabelece que partindo de um espaço de hipóteses muito grande, pela teoria VC se consegue restringir o foco da busca para somente algumas classes de hipóteses possíveis. Para tanto, há necessidade de estruturar o espaço de hipóteses como uma sequência encadeada de classes: $H_1 \subset H_2 \subset H_3 \cdots \subset H_n \cdots$ de complexidades crescente. A dimensão VC de cada classe é finita e cada hipótese $h_S(\theta)$ de complexidade S se tem associado uma métrica limitada.

Observar que:
- sequência encadeada significa que cada classe de uma determinada complexidade contém todas as classes precedentes de menor complexidade,
- cada classe tem sua própria dimensão VC, que aumenta na medida que a complexidade da classe aumenta.

As hipóteses geradas por bases representacionais como polinômios ou arquiteturas parametrizadas, como nas redes neurais, são exemplos típicos que facilitam nossa compreensão de que hipóteses mais complexas, portadoras de mais parâmetros, incluem dentro de sua formulação ou arquitetura, todas as outras que precedem na escala de complexidade.

Em cada classe de hipóteses o mecanismo de busca tenta encontrar a hipótese que apresente o mínimo na função métrica, avaliando uma equação simples do tipo:

$$h_S(\theta) = arg\left(\min_{h_S(\theta) \in H_s} \mathscr{E}\big(f(*),\, h_S(\theta)\big) \right)$$

Em cada classe a hipótese que, satisfazendo essa equação, apresenta o melhor resultado, se torna candidata a modelo. A dimensão VC, como uma ferramenta teórica introduzida para estudar a aproximação de tarefas de classificação sob a ótica estatística, tem sido usada como uma medida de complexidade ou da capacidade representacional de classes de hipóteses. No caso específico de tarefas de classificação, a dimensão VC resulta na cardinalidade do maior número de elementos do espaço de amostras que uma hipótese pode separar, sem cometer erro de classificação.

A dimensão VC tem sido interpretada como uma medida de confiança de separabilidade, que uma determinada classe de hipóteses apresenta face a uma amostra. Define quantas amostras diferentes podem ser efetivamente separadas, considerando que não se tem conhecimento a priori sobre:

- que classes podem ser atribuídas a quais amostras,

- a distribuição de probabilidade $P\big(x_j\big)$ das amostras,

- as classes propriamente ditas.

Uma função hipótese de dimensão VC igual a k , em geral, não será capaz de separar todos os conjuntos de k amostras, sendo apenas garantido que há pelo menos um conjunto de k amostras que será separável, sem erro de classificação.

Sendo um dos conceitos basilares da teoria de aprendizagem, muitos trabalhos técnicos e científicos tem sido conduzidos para determinar a dimensão VC de diferentes bases representacionais, que diversos algoritmos de aprendizagem potencializam, como: *Arvores de Decisão (Decision Trees), Perceptrons, Redes Neurais, Support Vector Machines* entre muitos outros.

A importância da maioria desses trabalhos está no objetivo de buscar entender que funções hipóteses tem maior ou menor capacidade representacional, ou seja suas capacidades de aprendizagem e sob que circunstâncias.

Calcular a dimensão VC para uma função hipótese não tem sido uma tarefa fácil. Para alguns algoritmos como Perceptrons, por exemplo, a dimensão VC pode ser obtida, embora irrelevante a sua importância prática.

Em relação a hipóteses como as geradas por Redes Neurais, consegue-se obter apenas uma estimativa da dimensão VC, uma vez que:

- em cada camada da rede os parâmetros são internos e, portanto, não são explícitos,
- uma camada pode influenciar outras camadas cancelando seus efeitos entre si, ou
- pode haver redundância de parâmetros.

Por essas razões torna-se difícil obter um cálculo exato da dimensão VC para tais estruturas, geradoras de hipóteses com capacidades representacionais que nos surpreende, mas ainda desconhecidas.

Os diversos estudos tem possibilitado que se consiga, apenas, afirmar que existe um limite que pode ser utilizado para comparar hipóteses. Essa comparação, ainda teórica, sem aplicação prática permite definir exatamente o número de amostras necessárias para se ter sucesso numa determinada tarefa de reconhecimento, como calculado para o caso do Perceptrons. O racional que norteia essas conclusões pode ser explicado da seguinte forma:

- considere o exemplo clássico de uma rede neural com arquitetura configurada por θ parâmetros, que tem como objetivo gerar hipóteses que consigam aproximar uma função-alvo executora de uma tarefa de classificação;

- assuma que existe um conjunto de (n) amostras e que há possibilidade de se ter todas as possíveis configurações diferentes de etiquetagens dessas amostras;

- existe, então, ao menos um conjunto de parâmetros dessa rede neural, que permite gerar uma função hipótese que consegue classificar todas as (n) amostras sem cometer erros de classificação. Como consequência direta do que estabelece a dimensão VC, pode ser afirmado que a hipótese de classificação tem a dimensão VC (n).

Essa afirmativa está no exemplo clássico do classificador linear ilustrado na figura 2.3- 16 a), que por sua vez não consegue ter o mesmo desempenho para $(n + 1)$, como mostra a figura 2.3- 16 b). Amostras pertencentes a classes diferentes são etiquetadas por $+$ e $-$.

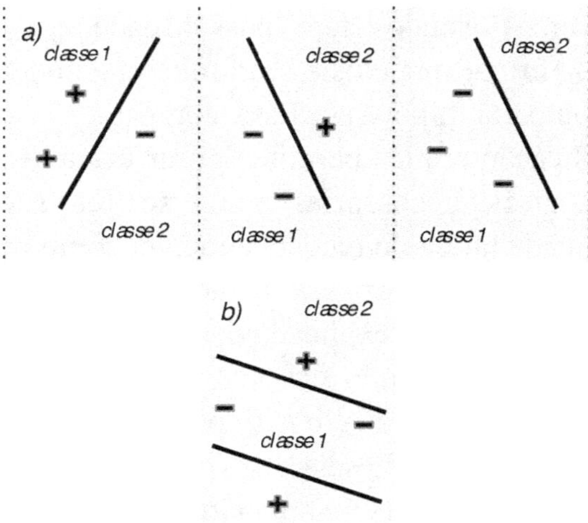

Fig. 2.3-16 Exemplo de classificador linear de dimensão VC = 3

O classificador linear binário separa todas as configurações de etiquetas para um conjunto de 3 amostras, mas não para 4 amostras. Para tal separação há necessidade de uma função hipótese composta de duas fronteiras lineares.

No caso específico de hipóteses do tipo Redes Neurais a *dimensão VC* mede a habilidade da rede em gerar hipóteses de diferentes complexidades, com a mesma arquitetura. Como uma teoria de base estatística, a dimensão VC apresenta as restrições de ser uma boa estimativa sobre conjuntos finitos.

b. *Provavelmente Aproximadamente Correta* (2.43)

Como outra abordagem alternativa para comparar hipóteses

candidatas o modelo, denominado PAC *(Probably Approximately Correct PAC)* considera que as comparações se tornam ainda mais incertas quando existe uma potencial correlação entre as amostras utilizadas no Treinamento e as nos Testes.

Encontrar uma solução nesta circunstância impõe que as hipóteses em análise sejam aproximadamente corretas sob o aspecto probabilístico. Isso significa que uma hipótese deve desempenhar de maneira semelhante, tanto sobre o conjunto de amostras de Treinamento, quanto sobre o de Testes. Sugere que na escolha dos dois conjuntos de amostras, seja zelado o aspecto da seleção aleatória, onde se garanta que ambos os conjuntos sejam coletados de maneira independente e satisfaçam as premissas de serem geradas por pela tarefa em aprendizagem, como se fossem geradas por uma fonte estacionária (stationarity assumption), ou seja:

- todas amostras sejam geradas a partir de uma mesma fonte, e
- apresentem a mesma distribuição de probabilidade na geração.

Não se consegue expressar a precisão de representação que uma hipótese pode apresentar, sem considerar a distribuição probabilística das amostras. Isso porque a distribuição probabilística, de uma forma ou outra, especifica ou evidência as regiões onde pode haver maior discrepância entre $h_S(\theta)$ e a função-alvo $f(*)$, ou ainda as regiões onde estas diferenças podem ser mais importantes.

Atendendo esses requisitos, nesta abordagem uma hipótese $h_S(\theta)$ pode ser considerada aproximadamente correta quando:

- o erro $\mathscr{E}\Big(f(*), h_S(\theta)\Big) \leq \delta$, for limitado por δ, sendo este uma constante arbitrária muito pequena,
- quantificar a capacidade representacional de uma hipótese implica em definir que erros produzidos por esta, $\mathscr{E}\Big(f(*), h_S(\theta)\Big)$ devem ser limitados por δ.
- é possível estabelecer um limite μ, de valor pequeno, para a probabilidade do erro empírico ser maior que δ, isto é:

$$P\Big(\mathscr{E}(f(*), h_S(\theta)) > \delta\Big) < \mu$$

A inequação acima evidencia que uma hipótese tem uma boa capacidade representacional se a probabilidade do erro empírico ser maior do que δ (acurácia) for menor que μ (grau de confiança), quando da aproximação de uma função-alvo $f(*)$ (*incluindo os de generalização*).

Avaliando a inequação para diferentes valores de δ e μ se consegue diferentes graus de qualificação para uma determinada capacidade de representação. São diferentes graus para definir quanto a hipótese pode ser considerada com boa capacidade representacional. Quanto menores forem esses valores melhor será a capacidade representacional da hipótese e melhor a aprendizagem. Dentro da lógica de interpretar aprendizagem como busca em um espaço de hipóteses, procura-se a partir de valores de δ e μ , encontrar uma hipótese h_S, que com probabilidade pelo menos de $(1 - \mu)$ obtenha um resultado de representação com erro que satisfaça:

$$P\Big(\mathscr{E}(f(*), h_S(\theta)) > \delta\Big) < \mu \leq \delta$$

A hipótese $h_S(\theta)$ encontrada será provavelmente, dentro do intervalo de confiança μ e pode ser considerada como uma boa representação da função-alvo $f(*)$, com margem de erro no máximo de δ.

Essa abordagem tem como objetivo mostrar que, após o exame de m amostras, com alta probabilidade todas as hipóteses consistentes com a inequação acima serão aproximadamente corretas.

Pode-se, então, considerar uma hipótese aproximadamente correta como aquela que, próxima da verdadeira função $f(*)$, se encontra no espaço de hipóteses dentro de uma esfera de raio δ $(\delta - ball)$, em torno da função-alvo $f(*)$.

De outra forma, a função-alvo $f(*)$ caracterizada pelo ponto $y_j = f\left(x_j\right)$ tem como valor de aproximação de $h_S(\theta)$ um conjunto de pontos a uma distância no máximo δ de y_j. A vizinhança $(\delta - ball)$, quando usada no espaço das hipóteses, funciona como uma função de separação de hipóteses. Separa as hipóteses em duas classes: as aplicáveis e as não aplicáveis. São aplicáveis todas as hipóteses que geram valores de estimação $y_j^* = h_S\left(x_j\right)$ a uma distância $\leq \delta$ e as demais são consideradas não aplicáveis.

Em resumo do que tem sido apresentado nesta seção, pode-se dizer que a dimensão VC tem auxiliado na definição da relação entre número de amostras e o grau de confiança de uma hipótese, portanto, de grande importância teórica. Os resultados alcançados não tem sido de muita utilidade prática, uma vez que são função do tamanho e do espaço de hipóteses, incógnitas ainda desconhecidas a priori para a maioria das bases representacionais, utilizadas pela maioria dos algoritmos e suas aderências a realidade contextual das tarefas.

Por outro lado, como consequência de experimentos se

consegue contornar essa dificuldade, assumindo a prática muito difundida de dividir aleatoriamente as amostras em conjuntos distintos para *Treinamento, Validação e Testes*, que possam atender os requisitos estatísticos e ao longo do ciclo de aprendizagem selecionar hipóteses que tendem a ser do tipo aproximadamente corretas.

3.6.　Treinamento

Avaliar todas as hipóteses $h_S(\theta)$ de cada classe utilizando métricas $\mathcal{E}\left(f(*), h_S(\theta)\right)$ sob um cunho comparativo, como fazem os mecanismos de busca, necessita de astúcias eficientes e bom senso crítico.

Na fase de Treinamento produzir o melhor resultado comparativo tem seu sucesso também atrelado à qualidade das amostras. Para resolver essa questão bastante prática, há necessidade de preparar as amostras para tratar com particularidades.

Se deve prestar atenção especial ao que pode representar o conceito de desempenho das hipóteses, em relação a realidade na qual a tarefa estará sendo executada. P.ex. deve estar bem claro o que representa a acurácia, a confiabilidade e credibilidade em determinada tarefa e o que representam os impactos dos erros. Essas questões devem ser esclarecidas antes de haver o compromisso de utilizar uma determinada hipótese como modelo de solução, pois os algoritmos de aprendizagem apresentam resultados próximos e consistentes com a realidade. Assim é importante também saber encontrar explicações para questões do tipo: - quanto grandes são os erros encontrados durante o Treinamento?; - Esses erros ocorrem de forma consistente ou são esporádicos?; - Qual a probabilidade dos erros ocorrerem?

Organizar e estruturar um espaço de hipóteses,

identificar as classes de maior capacidade representacional (complexidade), escolher aquela com maior potencial representacional e que cometa o menor erro empírico $\mathcal{E}\big(f(*), h_S(\theta)\big)$, como racional teórico pode ser uma estratégia bastante aplicável também, como ilustra a figura 2.3.-17.

Com suporte da teoria da dimensão VC, esta estratégia tem possibilitado estabelecer forte relacionamento entre complexidade e proximidade com a realidade.

Por outro lado, sabe-se não há como obter todas amostras da função-alvo, que expressem a realidade e representem o *futuro* de um fenômeno ou o resultado de uma tarefa. Diante dessa situação a única alternativa prática encontrada tem sido reservar parte do conjunto das amostras para formular uma base representativa da realidade *presente* (utilizada no Treinamento) e uma outra parte como representativa do *futuro* (utilizada na Validação e nos Testes), sendo esta última dividida em dois conjuntos de amostras desconhecidas.

Dado que as fontes no ambiente gerador das amostras, podem ser modeladas por um processo estocástico estacionário, com variáveis aleatórias independentes e densidade de probabilidade conhecida, se consegue emular situações de *presente* e *futuro,* sobre o mundo real e os processos associados, sob uma perspectiva estocástica.

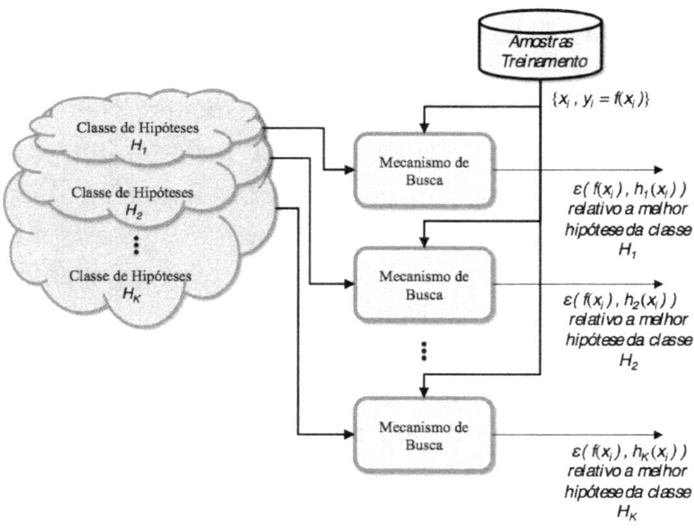

Fig. 2.3-17 Estruturação do Espaço de Hipóteses e Treinamento

Em outras palavras, assumir a premissa de que permanecem relativamente estáveis as propriedades estatísticas das fontes geradoras, pelo menos durante um bom período de tempo, que inclua o Treinamento, a Validação e os Testes e adicionalmente um período operacional mínimo, quando se aplica a solução nas situações reais. Durante esse período pode haver uma combinação de condições plausíveis, que simplifiquem a realidade e tornem prática a aplicação de um algoritmo de aprendizagem.

Para tais situações, tipicamente, se divide o conjunto de amostras em partições separadas, adequadas para as diferentes fases do ciclo de aprendizagem: *Treinamento, Validação (com eventual Sintonização ou Refinamento) e Testes e Seleção do Modelo.* Essas partições devem ser feitas com cuidado pois, embora a coleta seja aleatória, deve ser evitado de introduzir diferenças ou correlações sistemáticas entre as fases.

O conjunto de Treinamento, geralmente, é constituído de 50 a 70 % das amostras coletadas para todo o ciclo de aprendizagem, quando especialistas são envolvidos ou métodos semi automáticos de selecionamento de amostras aplicados, quando se trata de tarefas supervisionadas.

Na fase de Treinamento, dado que o espaço tem sido definido sobre um conjunto estruturado de K classes, sob o requisito de concatenação e inclusão, $H_1 \subset H_2 \subset H_3 \cdots \subset H_K$, a busca pela melhor hipótese global ocorre de forma eletiva por classes. Em cada uma destas classes, o mecanismo encontra aquela que apresenta o menor erro empírico, p. ex., os erros de um determinado espaço passa a ser uma lista do tipo:

$$\left\{ \mathscr{E}\big(f(*), h_1(\theta)\big), \ \mathscr{E}\big(f(*), h_2(\theta)\big), \ \ldots, \ \mathscr{E}\big(f(*), h_K(\theta)\big) \right\}$$

onde as métricas são definidas por funções convexas e altamente não lineares em relação aos parâmetros θ.

O resultado final do processo de Treinamento, em geral, é uma coletânea de hipóteses candidatas, definidas pelos respectivos conjuntos de parâmetros θ_1, θ_2, $\cdots$, θ_n (sejam polinômios, funções ou arquiteturas), onde cada conjunto caracteriza a complexidade de cada hipótese. As quantidades de erros encontradas, para cada conjunto de amostras (época) de Treinamento, serve de referência para as análises das fases seguintes.

3.7. Validação e Testes – Generalização

A fase de Validação exerce um papel muito importante no ciclo de aprendizagem, uma vez que nela se inicia a análise da capacidade representacional e os primeiros esforços de avaliação da qualidade das hipóteses selecionadas.

Diferencia-se da anterior pelo fato de utilizar novas amostras representativas da parte denominada *futuro*, onde se desconhece completamente o comportamento da função-alvo.

Em princípio, o procedimento de validação de uma hipótese tem como objetivo medir o quanto apropriada foi a escolha sob diferentes perspectivas, sempre tomando como referência a métrica voltada a avaliar a qualidade, a precisão ou acurácia de cada hipótese candidata.

Na avaliação o objetivo maior é escolher a estrutura da classe de hipóteses H_S, que melhor combina a flexibilidade para aproximar as amostras e a capacidade de aprendizagem. Esta ultima através da identificação da melhor opção de hipóteses com maior potencial de generalização. A expectativa é que todos esses aspectos estejam refletidos nos valores quantificados pela métrica $\mathscr{E}\big(f(*), h_S(\theta)\big)$, que apenas indicam os erros produzidos.

Em problemas reais a escolha da métrica é tipicamente uma questão de experiência prática e muitas vezes pode ser resultado de um compromisso entre diferentes fatores, que se consegue identificar submetendo as candidatas a alguns critérios como:

- dispor do maior conjunto de estruturas (classes) que permitam comparar, harmoniosamente, as diferentes capacidades representacionais das classes de hipóteses,
- avaliar cada alternativa encontrada, sob o ponto de vista de compromisso global entre os seguintes aspectos:
    - medidas de dispersão e desvios, como polarização e variância (*Bias x Variance*), diante de amostras específicas, seletivamente, escolhidas (*benchmarck*),
    - efeitos de super e sob aproximação (*overfitting ou underfitting*),

- experiência de especialistas para as avaliações e esforços necessários para sua implementação dentro do sistema real,
- capacidade representacional e significância estatística dos resultados.

Ciclos de avaliação devem ser conduzidos para cada uma das candidatas $h_1(\theta)$, $h_2(\theta)$, $\cdots h_K(\theta)$, calculando as estimativas dos erros empíricos obtidos

$$\mathcal{E}\big(f(*), h_1(\theta)\big), \; \mathcal{E}\big(f(*), h_2(\theta)\big), \; \ldots \; \mathcal{E}\big(f(*), h_K(\theta)\big)$$

sobre o mesmo conjunto de amostras de Validação.

Os resultados obtidos podem ser melhorados através de uma sintonização fina dos parâmetros estruturais. Essa atividade de sintonização fina, remete a fase de aprendizagem, onde se permite a inclusão de outras hipóteses candidatas, desde que sejam próximas das já encontradas, mas com melhores resultados globais. A sintonização de parâmetros estabelece, assim, um ciclo iterativo entre as fases de Treinamento e Validação, como sugere a figura 2.3-18.

Com a combinação *Treinamento-Validação* consegue-se um refinamento ou sintonização de parâmetros que, em geral, leva a melhorar a qualidade do resultado da aprendizagem, identificando hipóteses de melhor qualidade global [2.44], pois:

- o ajuste fino dos parâmetros das hipóteses candidatas envolve mais Treinamento sobre amostras, o que leva a diminuir os erros empíricos anteriormente produzidos;
- reaplicando Treinamento, a partir dos pontos atingidos no espaço de busca, em presença de novas amostras, equivale a adicionar mais conhecimento e permitir uma busca mais refinada nas vizinhanças do ponto de partida. Isto representa trabalhar com hipóteses mais apropriadas para aproximar a função-alvo.

Sintonização (refinamento) objetiva identificar hipóteses de melhor qualidade através de:
- ajuste fino dos respectivos parâmetros θ_1, θ_2, $\cdots$, θ_K, ou
- reaplicação da fase de Treinamento em presença de novas amostras que tragam conhecimento adicional. , tomando como valor inicial os parâmetros já identificados,

Ambas as alternativas objetivam levar à seleção de novas hipóteses, próximas das candidatas e com melhores desempenhos, sob a perspectiva de menores erro de generalização

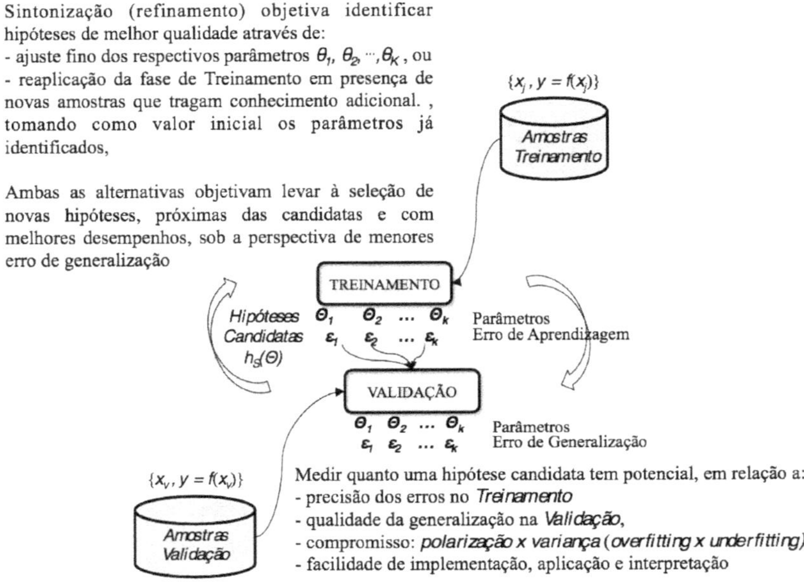

Fig. 2.3-18 Sintonização de Parâmetros: Treinamento-Validação

Nessa altura, quando as hipótese candidatas forem validadas, passa a ser importante realçar que as estruturas destas nunca devem ser aceitas como solução do problema. Devem apenas serem interpretadas como meios que permitem uma descrição suficientemente boa do comportamento da função-alvo $f(*)$.

Qualquer que seja a hipótese candidata validada, esta sempre apresenta erros de generalização, na medida que não consegue reproduzir exatamente o comportamento da realidade, a função-alvo $f(*)$. Esses erros existem por diferentes razões e são de duas naturezas:

- *irredutíveis*

    quando são associados as variabilidades naturais, que não podem ser medidas, pois estão escondidas e influenciam as amostras de forma indireta. Como não estão explicitadas nas amostras, as hipóteses não consegue separá-los e, portanto, não conseguem inserir compensações ou preparar procedimentos específicos para tratá-los.

- *redutíveis*

    quando os erros incorrem apenas durante a fase de Treinamento, quando se dispõe apenas de conjuntos limitados de amostras. Podem ser minimizados durante esta fase, seja aumentando a qualidade ou a quantidade das amostras, o que pode levar a escolher uma hipótese com acurácia melhor.

A meta de reduzir o máximo possível os dois tipos de erros, simultaneamente, para ser realizável na prática depende muito da estratégia usada para minimizar a importância relativa de cada uma dessas parcelas. Isto pode ser alcançado através de ações como:

- selecionar, desde o início do procedimento de Treinamento, as classes de hipóteses $h_S(\theta)$ mais adequadas,

- usar da combinação (iteração) das fases *Treinamento - Validação*, até que menores erros de generalização sejam conseguidos,

- coletar o maior número de amostras com máxima qualidade, zelando para que sejam representativas de todas (ou o máximo que for possível) situações e circunstâncias, ou que enriqueçam ao máximo o Treinamento, de informação e conhecimento relevantes.

O tipo e a grandeza dos erros passam a ter uma

importância fundamental na validação das hipóteses, uma vez que estão atrelados ao tipo da tarefa a ser aprendida.

Em princípio, estes erros devem ser definidos por especialistas, aprovados pelos tomadores de decisão e submetidos a quem avalia os resultados finais, com o objetivo de verificar se podem ser tolerados ou não. Isso é importante porque os erros devem ser entendidos como representantes, em algum momento, da imperfeição que existirá na solução do problema e podem comprometer o sucesso da solução perante os usuários.

3.8. Polarização e Variância

Cada uma das hipóteses candidatas, durante a Validação, devem ser avaliadas sob diferentes aspectos, sendo os de dispersão e desvios os mais visados e pela facilidade de extrair medidas a partir do erro empírico. As medidas mais usuais e conhecidas são *polarização* e *variância* (*bias* x *variance*), amplamente estudadas e aplicadas na teoria Estatística.

Para entender melhor como essas duas grandezas podem ter seus papéis identificados no erro empírico, considere a métrica Erro Médio Quadrático (2.45), com as seguintes definições:

- $f(x_j + \eta_j) \to y_j$: representa a função-alvo $f(*)$, aplicada tendo as variáveis independentes x_j contaminadas por incertezas η_j, gerando valores y_j, a cada experiência E de execução da tarefa T.
- x_j: variável aleatória independente com uma distribuição de probabilidade $P\left[x_j\right]$, de média ($\mu = 0$) e variância σ^2.
- y_j: resultado da amostragem da função-alvo $f(*)$, quando

em presença da variável x_j.

- η_j: quantidade de incerteza (*ruído*) introduzida por diferentes fatores não conhecidos. Independe de x_j e y_j e tem média $E\left\{\eta_j\right\} = 0$ e variância $\sigma_{\eta_j}^2$.

- $h_S(\theta) = y_j^*$: valor produzido pela hipótese $h_S(\theta)$ na aproximação da função-alvo $f\left(x_j + \eta_j\right)$.

- $\varepsilon\left(y_j, y_j^*\right)$: valor específico de erro resultante de cada aproximação feita pela hipótese $h_S(\theta)$;

- N_T: número de amostras utilizadas durante o Treinamento.

Relembrando que o desempenho de uma hipótese $h_S(\theta)$ pode ser expresso por:

$$\mathscr{E}\left(f(*), h_S(\theta)\right) = \frac{1}{N}\sum_{j=1}^{N} E\left\{\varepsilon\left(y_j, y_j^*\right)^2\right\}$$

onde o termo η_j representa todos os fatores que afetam o comportamento da função-alvo $f(*)$ e que estão incluídos nos valores de y_j. Nào se tem conhecimento apriori algum sobre esses valores, mas sabe-se que impactam a tarefa a ser aprendida.

A quantidade de erro $\mathscr{E}\left(f(*), h_S(\theta)\right)$ não consegue ser zerada dado que os valores de y_j contém ruído η_j, o que significa que deve ser aceita a possibilidade de existência de erros irredutíveis, qualquer que seja a hipótese usada.

Uma maneira de simplificar a medida de erro pontual $\varepsilon\left(y_j, y_j^*\right)$ é utilizar apenas a diferença entre valores. Esta expressa a discrepância produzida pela aproximação feita por $h_S(\theta)$, como mostra a equação:

$$\mathrm{E}\left\{ \varepsilon\left(y_j, y_j^*\right)^2 \right\} = \mathrm{E}\left\{ \left(y_j - y_j^*\right)^2 \right\}$$

que pode ser reescrita de outra maneira, desdobrando e reordenando os fatores que compõe a expectativa do erro pontual, através de:

$$= \mathrm{E}\left\{ \left(y_j^*\right)^2 - 2\,y_j y_j^* + y_j^2 \right\}$$

$$= \mathrm{E}\left\{ \left(y_j^*\right)^2 \right\} + \mathrm{E}\left\{ y_j^2 \right\} - 2\,\mathrm{E}\left\{ y_j \right\} \mathrm{E}\left\{ y_j^* \right\}$$

o valor esperado da aproximação expresso por $\mathrm{E}\left\{ y_j^* \right\} = y_{j\,avg}^*$, denota que o valor médio esperado para os valores da função hipótese $h_S(\theta)$) pode ser substituído pela média dos valores obtidos pela hipótese $h_S(\theta) = y_j^*$, durante o Treinamento.

Assim, a equação da expectativa do erro pontual pode ser reescrita da seguinte forma:
- o primeiro termo por:

$$E\left\{ \left(y_j^*\right)^2 \right\} = E\left\{ \left(y_j^* - y_{j\,avg}^*\right)^2 \right\} + \left(y_{j\,avg}^*\right)^2$$

- o segundo termo por:

$$E\left\{ y_j^2 \right\} = E\left\{ \left(y_j - f(x_j)\right)^2 \right\} + \left(f(x_j)\right)^2$$

onde pelas premissas estatísticas assumidas de:
- o ruído η_j com valor esperado $E\left\{ \eta_j \right\} = 0$,
- variância $\sigma_{\eta_j}^2$,

- função $f(*)$ ser aplicável apenas sobre a variável x_j leva a:

$$E\left\{ f\left(x_j\right) \right\} = f\left(x_j\right) \text{ e}$$

$$E\left\{ y_j \right\} = E\left\{ f(x_j + \eta_j) \right\} = f\left(x_j\right)$$

Substituindo esse fatores na equação da expectativa do erro pontual resulta em:

$$E\left\{ \epsilon\left(y_j - y_j^* \right)^2 \right\}$$

$$= E\left\{ \left(y_j^* - y_j^*{}_{avg} \right)^2 \right\} + \left(y_j^*{}_{avg} \right)^2 - 2f\left(x_j\right) y_j^*{}_{avg}$$

$$+ \left(f\left(x_j\right) \right)^2 + E\left\{ \left(y_j - f\left(x_j\right) \right)^2 \right\}$$

Equivalentemente, os termos da equação podem ser rearranjados para chegar a uma formulação que consiga explicitar os fatores denominados de *Variância, Polarização e Ruído*, conforme:

Muito usada em situações reais, esta formulação possibilita identificar o tipo de influência que cada fator tem na análise do erro empírico, para fins de Validação de uma hipótese:

Estimativa do Erro Empírico	Fatores Componentes	Conceito
$E\left\{ \epsilon\left(y_j - y_j^*\right)^2 \right\} =$		
	$E\left\{ \left(y_j^* - y_{j\,avg}^*\right)^2 \right\}$	*Variância*
	$+\left(y_j^* - f\left(x_j\right)\right)^2$	*Polarização*
	$+ E\left\{ \left(y_j - f\left(x_j\right)\right)^2 \right\}$	*Ruído*

- *Variância*:

  mostra a variabilidade do comportamento de uma hipótese $h_S(\theta)$, sobre o conjunto de Validação. Na realidade mostra o quanto uma hipótese aplicada sobre diferentes amostras varia sua resposta em relação ao valor esperado (médio). obtido sobre o conjunto de Validação.

  Quando o ciclo combinado Treinamento – Validação é utilizado por várias vezes, se consegue obter um conjunto consistente de valores para essa grandeza e com isso tirar conclusões bastante úteis. No caso dos valores encontrados serem muitos dispersos, a Variância mostra o quanto inconsistentes são as aproximações feitas pela hipótese candidata.

  Pode evidenciar quando o conjunto de amostras usado tem

se mostrado insuficiente para obter resultados consistentes, ou ainda, que existem fatores aleatórios por ora não identificados, mas que estão impactando os resultados.

Não deve ser interpretada como uma medida absoluta de precisão ou acurácia das hipóteses candidatas.

- *Polarização ou Desvio*:

indica que há uma quantidade de erro introduzida durante a aproximação da função-alvo $f(*)$. Por causa dessa evidência específica, uma das primeiras conclusões é que existem escolhas boas ou não tão boas assim, dependendo da classe de hipóteses. Usualmente, se consegue diminuir os valores deste tipo de erro repetindo o processo de Treinamento e reavaliando a qualidade das respostas das diferentes classes de hipóteses, na tentativa de encontrar aquelas classes com melhor desempenho, em termos de menor erro empírico. Se deixar de mencionar que desbalanceamentos no conjunto de amostra pode influenciar bastante esse fator.

Caso os valores de erros encontrados durante a Validação não sejam muito diferentes dos valores encontrados na operação, então infelizmente as soluções encontradas são de alta polarização. Indica que as soluções impõe erros sistemáticos, considerados desvios, que acusam o descasamento das classes de hipóteses em relação a execução da tarefa.

- *Ruído*:

pelo fato de estar totalmente correlacionado ao ambiente da tarefa, o ruído não pode ser evitado. Esta quantidade, diferentemente das outras duas fontes de erros, consideradas redutíveis, é do tipo irredutível. Descreve o quanto o valor do observável y_j difere dos valores reais e indica o limite inferior para o desempenho das hipóteses, qualquer que seja a hipótese selecionada como modelo.

Pela breve descrição desses fatores, se constata que existe uma riqueza de informação que pode ser explorada durante a fase de Validação, para validar as hipóteses que apresentarem os melhores resultados durante o Treinamento.

Na prática a análise mais usada, para avaliar a capacidade de aproximação de uma hipótese, foca no compromisso entre os comportamentos dos fatores *variância* e *polarização*. Em geral, as hipóteses candidatas $h_S(\theta)$ apresentam uma grande variância por causa do ruído existente dentro das amostras, que não pode ser removido.

Idealmente os valores de aproximação devem não variar muito entre os conjuntos de amostras de Validação e Treinamento, dada a premissa assumida sobre as amostras serem geradas pela mesma fonte e nas mesmas condições.

Dependendo da sensibilidade das hipóteses candidatas, pequenas mudanças nas amostras podem resultar em grandes mudanças nos valores de aproximação. Quando se trata de problemas do mundo real, parece ser impossível se livrar de ambos os erros ao mesmo tempo, assim, tem sido bastante razoável usar a análise do compromisso *Polarização* versus *Variância* em função da complexidade S da classe de hipóteses, para encontrar e validar as hipóteses com maior potencial de aproximação de uma tarefa.

Como essa capacidade de aproximação varia entre as diferentes classes de hipóteses, o comportamento das duas grandezas pode ser um aspecto importante a analisar em conjunto, uma vez que podem contribuir diferentemente na composição do erro empírico.

Quanto maior for o número de parâmetros de uma classe de hipóteses, mais complexas são as suas hipóteses. Quanto mais aumenta a complexidade de uma hipótese, mais aumenta o fator *variância*, enquanto que a *polarização* consistentemente diminui.

O comportamento dicotômico desses dois fatores está relacionado ao fato do erro empírico ser formulado como uma função não linear de segundo grau (uma parábola), que contém componentes que contribuem diferentemente, dependendo da complexidade da hipótese em análise.

Apesar de ser crucial entender o comportamento das hipóteses em relação a *polarização* e *variância*, a preocupação maior ainda persiste sobre a quantidade de erro empírico medido $\varepsilon\big(f(*), h_S(\theta)\big)$ e não somente, sobre suas componentes. Se torna importante na Validação identificar o nível de complexidade no qual ocorre o ponto de inflexão no erro empírico $\varepsilon\big(f(*), h_S(\theta)\big)$. Como ilustrado na figura 2.3- 19 a complexidade serve para identificar as classes de hipóteses mais indicadas para serem focadas no processo de seleção da hipótese $h_S(\theta)$ candidata a modelo.

O número de parâmetros passa a ser uma variável sobre a qual heurísticas são estabelecidas para selecionar a classe ou a hipótese mais adequada para aproximar uma determinada tarefa. Por exemplo, quanto maior o número de parâmetros θ (e.g coeficientes de uma função polinomial) maior a dimensão do espaço de otimização ou de busca e maior a complexidade resultante das hipóteses candidatas.

Pode ser muito útil usar a estratégia de identificar o ponto de inflexão na curva de erro empírico. Sendo uma curva levantada através do cálculo dos erros empíricos produzidos por todas as hipóteses candidatas, tem-se um apanhado geral sobre o comportamento do erro empírico nos diferentes graus de complexidade do espaço de busca. Tendo em mente que cada classe pode ter uma ou mais representantes como hipóteses candidatas.

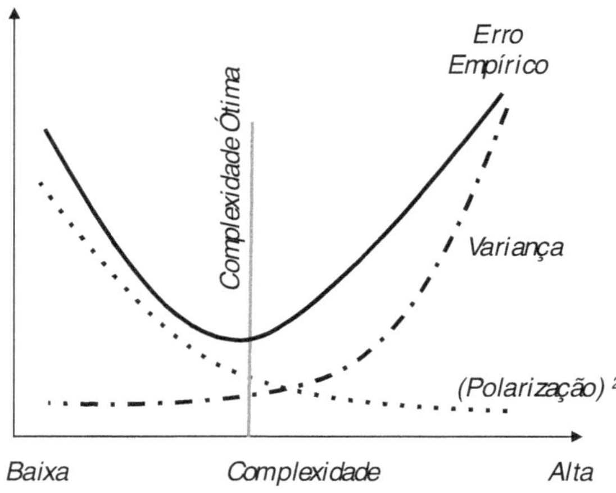

Fig. 2.3-19 Comportamentos do *Erro Total*, *Polarização* e *Variância*

Essa curva tem se tornado uma referência importante na tomada de decisão, permitindo que a localização ou inferência sobre o número de parâmetros que representa a complexidade ótima dentro do espaço de hipóteses, geradas pela base representacional do algoritmo de aprendizagem aplicado.

As variações comportamentais das duas grandezas, *polarização* e *variância*, quando calculadas sobre o mesmo conjunto de amostras de Validação, expressam contribuições diferentes das hipóteses candidatas ao erro empírico. Quanto maior for a *variância* maior a complexidade e maior a sensibilidade da hipótese candidata. No caso de se deparar com uma faixa de hipóteses que apresentem valores altos de *variância*, em geral, se recorre a utilizar mais amostras de Validação, para que se possa confirmar melhor esse comportamento.

Ainda na ilustração da figura 2.3-19 pode ser constatada

a existência de um conjunto de hipóteses candidatas com valores altos de erro empírico, onde a contribuição maior é do fator *polarização*. Isso significa que essas hipóteses necessitam serem substituídas por outras mais complexas, que contenham mais parâmetros, para melhorarem os seus desempenhos.

Os extremos na figura 2.3-19, que definem as situações de *alta polarização* e *alta variância*, tem muito a expressar sobre as amostras e o valor extraído delas, como:

- *alta polarização*

  representa uma situação onde a hipótese apresenta muita imprecisão ou não representatividade na relação entrada x_j e saída y_j^*, apresentando discrepâncias importantes entre o valor previsto y_j^* e o valor y_j da função-alvo.

  Este tipo de análise e conclusão tem validade, apenas, para aprendizagem do tipo supervisionada.

- *alta variância*

  significa que a hipótese tem bastante sensibilidade às variações nas amostras x_j. Enquanto a hipótese conseguir representar fielmente as amostras durante o Treinamento, não há como assegurar que tal hipótese vai se comportar da mesma forma durante a Validação, quando está submetida à amostras totalmente inéditas.

A questão é saber quando uma hipótese se enquadra nesta situação de *alta polarização* ou de *alta variância* ou, ainda, quando pode ser considerada como uma hipótese recomendável, dado que existem apenas os valores do erro empírico para análise.

Pela experiência algumas conclusões podem ser estabelecidas, sem fazer decisões muito erradas, como:

- se a medida de erro empírico for alta nas fases de Treinamento e Validação, pode ser concluído que a hipótese apresenta *alta polarização*, pois demonstra grande imprecisão face as novas amostras de Validação,

- se a medida de erro empírico for baixa na fase de Treinamento e alta na Validação, pode-se concluir que há indicativo de uma situação de *alta variância*. Isso significa que a hipótese consegue exprimir alta fidelidade de aproximação durante o Treinamento, mas alta sensibilidade na Validação;

- caso a medida de erro empírico for baixa, tanto no Treinamento quanto na Validação, provavelmente a hipótese tem um comportamento equilibrado, em relação a *polarização* e a *variância*. Nesse caso, a hipótese pode ser considerada recomendável para Testes, pois tem chance de ser um bom modelo, conforme sugere a ilustração da figura 2.3-20.

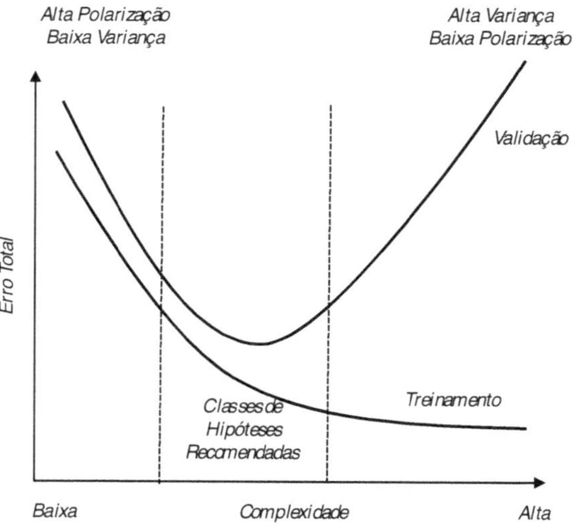

Fig. 2.3-20 Classe de Hipóteses Recomendáveis

3.9. Qualidade da Aproximação

A seleção de uma hipótese carrega o princípio da avaliação da capacidade representacional, ora refletida de forma sintética na quantidade de erro empírico. Uma forma de gerar heurísticas úteis para efetuar a seleção acertada de hipóteses, aplicáveis somente a aprendizagem supervisionada, tem sido a de analisar a quantidade de erro empírico, quando expressa pela métrica Erro Médio Quadrático.

Essa modelagem tem permitido que, a partir da análises de quantidades quasi-dicotômicas como *polarização* e *variância*, se consiga estabelecer um racional sobre o comportamento das hipóteses de complexidades diferentes, ou seja, pertencentes à diferentes classes de hipóteses. Esse racional deve permitir a selecionar aquela com maior potencial.

No entanto, essa heurística não garante a qualidade do desempenho de aproximação, porque estimar bem ou mal o comportamento de uma função não se limita a avaliar somente a quantidade dos erros, mas requer olhar para outros aspectos que influenciam e que devem ser analisados, principalmente aqueles relacionados com a forma na qual a aproximação acontece e que atribuem a hipótese a capacidade de generalização.

Existem três diferentes efeitos que uma hipótese, em aprendizagem supervisionada, apresenta quando se trata de comparar os aspectos fidelidade e flexibilidade diante de novas situações [2.46]: *super-aproximada (overfitting), sub-aproximada (underfitting - aproximação grosseira) e balanceada*.

Estes diferentes efeitos não são apenas relacionados a precisão de uma aproximação, mas tem impacto direto na qualidade dos erros, como detalhado:

- *Super. Aproximação (Overfitting)*:
ocorre quando a hipótese aproxima de maneira muito fiel e

com muita precisão os valores das amostras da função-alvo $f(*)$, mesmo que estas sejam ricas em detalhes, conforme ilustra o exemplo da figura 2.3-21.

Nesse caso, a diferença entre o valor y_j^* produzido pela hipótese $h_S(\theta)$ e o valor y_j produzido pela função-alvo $f(*)$, durante o Treinamento, quando na presença da variável x_j, se torna a menor possível. Esta diferença é expressa pela quantidade de erro $\varepsilon\left(y_j, y_j^*\right)$ e assume valores muito pequenos.

Uma análise desse comportamento pode levar a conclusão de que a hipótese $h_S(\theta)$ tem muito bom desempenho em termos de valor pontual do erro, diante das amostras de Treinamento. Porém, se mostra não tão boa assim para aproximar a mesma função-alvo $f(*)$ diante de novas amostras.

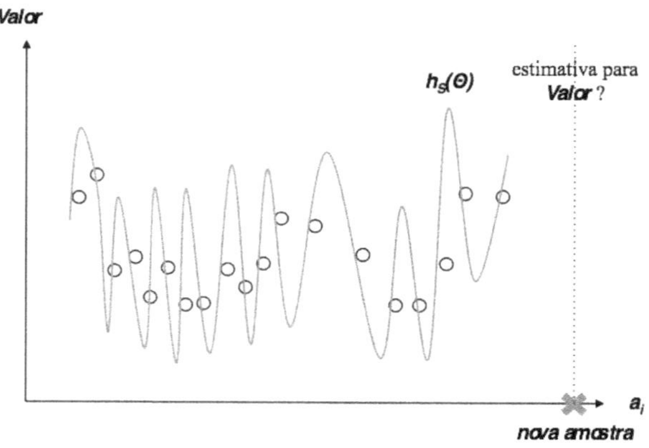

Fig. 2.3-21 Efeito de Super. Aproximação (*Overfitting*)

Dessa análise pode ser definido que uma hipótese $h_S(\theta)$ super aproxima as amostras da função-alvo, durante o Treinamento, no sentido estatístico. Isto é, quando existir uma hipótese alternativa $h_S(\theta)^A$ pertencente ao mesmo espaço de hipóteses, tal que $h_S(\theta)$ implica em erros de aproximação menores do que os produzidos por $h_S(\theta)^A$, considerando que ambas sejam aplicadas sobre o mesmo conjunto de amostras de Treinamento. A super aproximação não se aplica a $h_S(\theta)$ quando $h_S(\theta)^A$ implicar em erros menores do que $h_S(\theta)$ no sentido estatístico, ou seja, quando o conjunto de amostras for mais amplo que o de Treinamento, e apresente uma distribuição estatisticamente representativa.

- *Sub-Aproximação* (*underfitting*):
efeito que surge quando a função hipótese $h_S(\theta)$ aproxima grosseiramente o comportamento de uma função-alvo $f(*)$, conforme ilustrado na figura 2.3-22.
Neste caso as hipóteses tem um desempenho pobre de aproximação sobre as amostras da função-alvo $f(*)$, sendo incapazes de capturar as nuâncias das variações importantes que trazem as amostras. Isto ocorre porque a função $h_S(\theta)$ tem uma complexidade tal que sua capacidade de representação não apresenta a flexibilidade necessária. Portanto, não se mostra suficiente flexível para acompanhar a maioria das variações nas amostras.

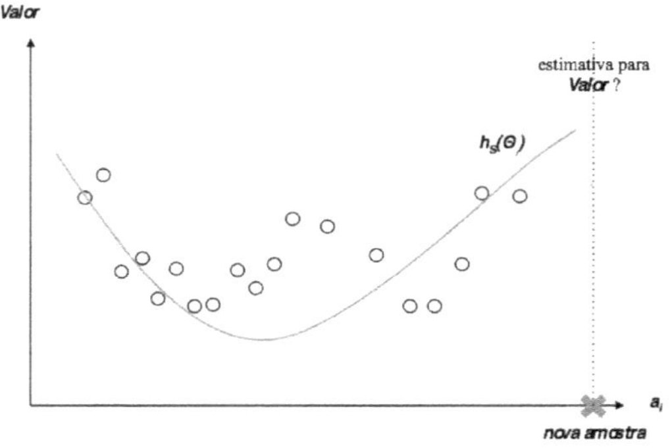

Fig. 2.3-22 Efeito de Sub Aproximação (*Underrfitting*)

- *Balanceado*:
  a escolha judiciosa de uma função hipótese $h_S(\theta)$ que aproxime o comportamento de uma função-alvo $f(*)$, tem sido um desafio a ser superado para que, metodologicamente, sejam evitadas as regiões ou extremos com baixo desempenho.

  A estratégia tem sido inserir alguma astúcia que possibilite atuar sobre os parâmetros e em função disso o algoritmo de aprendizagem consiga através de sua base representacional gerar hipóteses que, durante o Treinamento, adquiram a rigidez necessária para descartar variações não relevantes e ter uma flexibilidade suficiente para acompanhar as variações importantes.

  Requerer tal comportamento, um pouco contraditório de uma hipótese, tem como objetivo esperar que esta descarte variações que não interessam ou não representam informação relevante e mostrar flexibilidade suficiente para acompanhar variações significativas, que as amostras mostrem durante o Treinamento.

A expectativa é identificar hipóteses que demonstrem a capacidade de balancear sua habilidade de aproximação, como ilustra a figura 2.3-23.

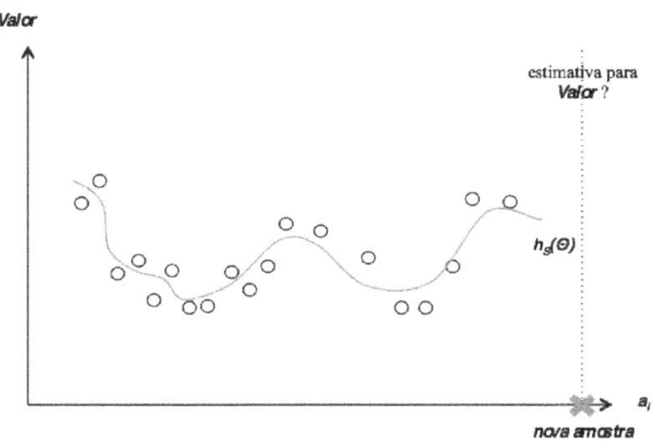

Fig. 2.3-23 Hipóteses Balanceadas

A dificuldade de determinar quando uma hipótese se encontra em uma situação de super ou sub-aproximação, a partir apenas da informação de erro empírico, na prática se torna uma tarefa ingrata. Essa atividade demanda certos cuidados, muito similar ao que ocorre na análise do binômio *polarização* e *variância*, onde o objetivo é identificar e estabelecer uma estratégia de análise de hipóteses.

Em muitos casos de super-aproximação a hipótese $h_S(\theta)$ fica sintonizada em aproximar mais os erros aleatórios ou ruídos contidos nas amostras, do que na relação existente entre entrada x_j e saída y_j, que define a função-alvo $f(*)$. Isso ocorre quando a classe da hipóteses apresenta uma complexidade excessivamente alta, durante o Treinamento, apresentando um número grande de parâmetros em relação ao de amostras.

A hipótese que se encontra na situação de sub-aproximação apresenta um desempenho pobre face à novas amostras, onde pequenas flutuações no comportamento das amostras estão presentes. Neste caso, não conseguem capturar as tendências nas amostras. Um exemplo simplista pode ser constatado quando uma hipótese linear é utilizada para aproximar uma função-alvo, representada por amostras que apresentam um comportamento não linear.

Por outro lado, uma das questões intrigantes centra em saber porque a super-aproximação ocorre, uma vez que uma hipótese tendo a flexibilidade suficiente para extrair as variações importantes das amostras, não sabe aproveitar esse seu potencial de ser flexível. A resposta pode estar na possibilidade desse efeito acontecer quando se usa uma métrica durante o Treinamento, que não seja a mesma para Validação e Testes. Outra explicação bastante plausível está no fato das hipóteses candidatas serem somente treinadas para maximizar seus desempenhos sobre os conjuntos de amostras de Treinamento. Nesta fase as amostras da função-alvo caracterizam situações e circunstâncias exemplares, para as quais os resultados (aprendizagem supervisionada) são conhecidos e confirmados por especialistas do domínio. Por outro lado, nas fases de Validação e Testes, que acontecem sobre diferentes conjuntos de amostras, para as quais não há conhecimento a priori algum, os resultados e desempenhos somente são avaliados pelo quanto se confirmam corretos diante da realidade.

A super-aproximação ocorre quando a hipótese começa a "memorizar" as amostras de Treinamento, em vez de aprender a partir de tendências nas amostras. Para evitar essa super-aproximação é necessário utilizar técnicas consolidadas que indicam quando o Treinamento não mais contribui para a capacidade de aproximação de uma hipótese.

Essas técnicas, descritas nas próximas seções, recorrem a regras básicas de natureza funcional simples, como:
- penalizar hipóteses excessivamente complexas, quando contextualizadas no conjunto de amostras de Treinamento, ou
- testar capacidade de aproximação de uma hipótese, avaliando antecipadamente seu desempenho em um conjunto de amostras ainda não utilizadas no Treinamento, esperando que em princípio responda bem.

Diante da possibilidade de obter hipóteses em situação tanto de super ou sub aproximação no final de uma fase de Treinamento, a questão importante versa sobre como dispor de análises simplistas que possam guiar na escolha das hipóteses mais recomendáveis.

Um procedimento muito usual tem sido analisar o desempenho das hipóteses, iniciando pela de menor complexidade, ou equivalentemente da esquerda para a direita na ilustração da figura 2.3-24. Deve continuar analisando sequencialmente as hipóteses no sentido de maior complexidade, até que algumas das seguintes conclusões possam ser tiradas:

- se o erro empírico obtido no Treinamento for ainda relativamente grande, então a hipótese se localiza na região I, que delineia uma situação onde as hipóteses podem apresentar o efeito de *sub aproximação*,
- se considerar hipóteses com complexidade maior e obter uma diminuição no erro de Validação, então as hipóteses consideradas se localizam ainda na região I e podem ainda apresentar o efeito de *sub aproximação*,

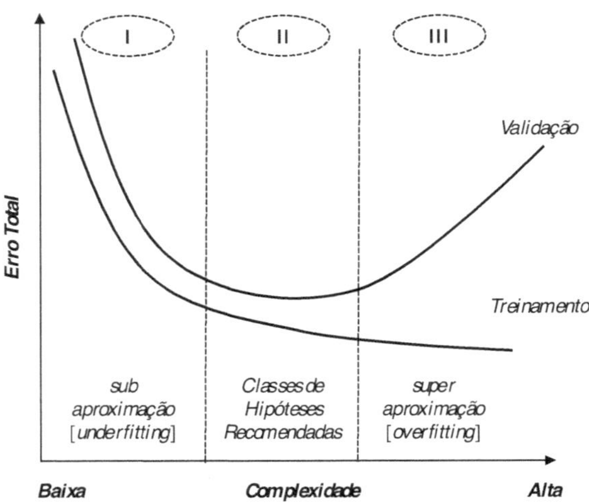

Fig. 2.3-24 Análise Sequencial de Hipóteses Candidatas

- antes de atingir a zona onde as hipóteses de maior complexidade não resultam em grandes decréscimos no erro empírico, obtido no Treinamento ou Validação, a análise continua sobre hipóteses na região I, mas agora numa situação que possibilita as hipóteses ainda de apresentarem efeito de sub aproximação,
- se na continuidade da análise houverem hipóteses, com maior complexidade, que começam a apresentar um aumento no erro empírico, então pode-se dizer que estas hipóteses estão localizadas na região III. As hipóteses dessa região podem causar super aproximação, porque suas capacidades representacionais estão muito além da requerida pelo número de amostras;
- se o erro empírico, produzido pelas hipóteses no

Treinamento, continuar decrescendo e chegar a ser relativamente pequeno, e por outro lado o erro empírico, calculado sobre as amostras de Validação, aumentar consideravelmente, então, as hipóteses se localizam na região III e podem apresentar efeito de super aproximação,

- as hipóteses localizadas entre as regiões I e III, responsáveis por efeitos de sub aproximação e super aproximação, constituem uma zona de *transição* denominada de região II. Nesta região as hipóteses apresentam baixo erro empírico, tanto no Treinamento quanto na Validação, tendo a mesma ordem de grandeza. Essas hipóteses podem apresentar efeitos balanceados e com grande potencial para obterem melhores capacidades representacionais, sendo as mais recomendáveis.

As hipóteses que, em princípio, apresentam super aproximação podem mudar seu comportamento à medida que aumenta a quantidade de amostras de Treinamento. Nessa circunstância tendem a diminuir o erro empírico na Validação, mas aumentam a quantidade de erro empírico na fase de Treinamento. Assim, pode ser afirmado que cada classe de hipóteses de uma certa complexidade S, demanda um número ótimo de amostras para Treinamento.

Ciclo Iterativo Treinamento – Validação

Como uma alternativa para obter melhores resultados o ciclo iterativo Treinamento – Validação tem sido exercitado nos ciclos de aprendizagem com diferentes tipos de algoritmos. As iterações entre essas duas fases deve ocorrer diversas vezes até que se encontre um estado estável, onde as hipóteses candidatas se encontram sintonizadas ou refinadas, através de ajustes finos nos seus parâmetros θ_1, θ_2, $\cdots, \theta_n$.

Esses ajustes devem ser suficientes para as hipóteses apresentarem seus melhores resultados, pois contam com mais amostras e análises mais criteriosas sobre o comportamento de seus erros. Validar hipóteses nesse ciclo passa a ser, então, uma atividade de análise conjunta das duas fases, Treinamento e Validação, pois ambas definem a qualidade do potencial das hipóteses.

Denominada de *curva de aprendizagem* (*learning curve*), o resultado dessa análise conjunta explicita a vitalidade da aprendizagem, para encontrar as hipóteses da classe que demonstrar melhores desempenhos. Uma *curva de aprendizagem* se define pela análise das duas curvas produzidas, durante o Treinamento e Validação, quando de maneira separada descrevem as estimativas de erros de $\mathscr{E}_T$ e $\mathscr{E}_V$ respectivamente.

Estas quantidades de erros empíricos, para terem a mesma importância estatística, devem contar com a mesma quantidade N amostras, tanto no Treinamento quanto na Validação. Como esse número, geralmente, é muito maior no Treinamento do que na Validação, para buscar uma equivalência se reduz o conjunto de amostras no Treinamento, com o propósito de compatibilizar com o número utilizado na Validação.

De maneira geral, tem-se a expectativa de que no Treinamento o erro $\mathscr{E}_T$ calculado sobre um conjunto pequeno de amostras passe a implicar em valores menores de erro do que os calculados originalmente sobre o conjunto inicial de amostras de Treinamento. Isto pode ocorrer pelo fato de haver uma menor influência da componente Variância sobre o erro empírico, ora causada pelo número menor de amostras. Quanto maior o número de amostras implica em obter valores maiores para o erro empírico, por causa do aumento da Variância.

Infelizmente, quando se tem um conjunto pequeno de

amostras de Treinamento surge o inconveniente de não conseguir hipóteses que apresentem bons resultados, em relação ao erro de Validação $\mathscr{E}_V$, por ser bem maior. Em sentido contrário, quando o número de amostras aumenta o valor de $\mathscr{E}_V$ deve diminuir, como podemos ver nas curvas ilustrativas da figura 2.3 -25.

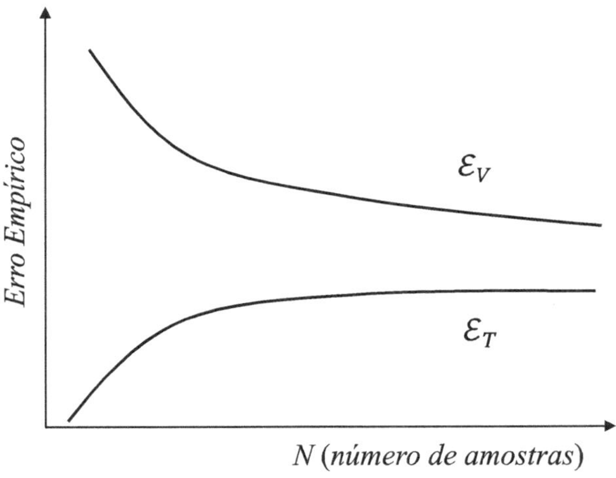

Fig. 2.3-25 Influência do número de amostras

A iteratividade entre Treinamento e Validação ocorre em ciclos ao longo do tempo, e assim, tem sido de muita valia para estabelecer um critério que possibilite identificar o ponto de parada. Esse ponto reflete quando não vale mais a pena executar ciclos de análises detalhadas de desempenho das hipóteses, com a mesma quantidade de amostras de Treinamento e as de Validação.

Ter em mente que cada ciclo se desenrola por épocas, onde a avaliação do Treinamento se dá sobre uma época que inclui todas as amostras desse conjunto e a avaliação da Validação se dá sobre uma época, onde todas as respectivas amostras para esse estão alocadas.

Durante os ciclos de iteratividade, há sempre a tendência de diminuir o erro empírico sobre os dois conjuntos de amostras, embora exista um momento no qual o erro de Validação começa a aumentar.

Esse efeito é muito usado para definir um critério de parada do ciclo Treinamento-Validação. Como sugere a ilustração na figura 2.3- 26 os resultados do ciclo anterior Treinamento -Validação indicam que a hipótese em análise, apresentou seu melhor desempenho, antes de entrar em uma situação que pode levá-la ao efeito de super aproximação.

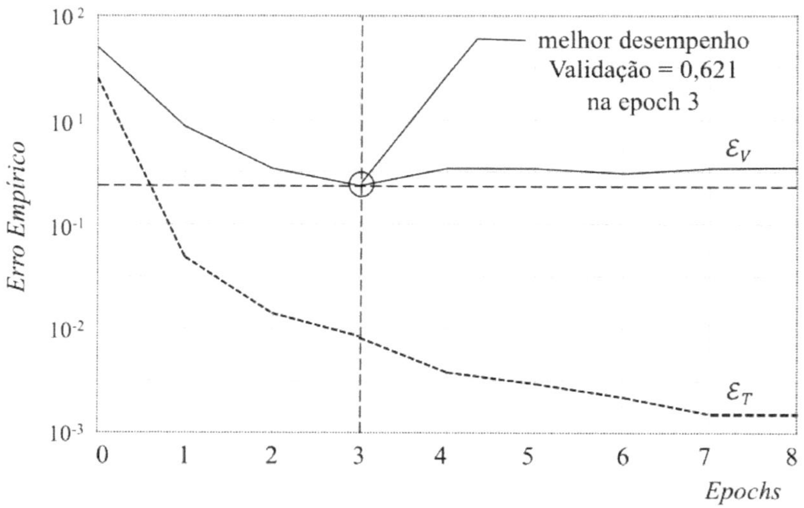

Fig. 2.3-26 Treinamento e Validação - Erro Total x $N\,^{\circ}$ de Epochs

183

Quando o Treinamento se dá por um tempo muito longo, o desempenho das hipóteses continua a aumentar na medida que o erro empírico ainda decresce, mas aumenta o risco das hipóteses apresentarem o efeito de super-aproximação, porque começam a aprender mais detalhes irrelevantes das amostras ou começam a sintonizar nas variações produzidas pelo ruído existente.

A escolha do ponto de parada no ciclo iterativo Treinamento-Validação, assumindo a astúcia de encontrar um ponto de inflexão durante a Validação parece ser logicamente interessante, pois neste momento ainda há chance de conseguir salvaguardar a capacidade da hipótese de aproximar balanceadamente, tanto sobre as amostras de Treinamento, quanto sobre as de Validação. No entanto, esse critério nem sempre dá bons resultados na prática, porque significa que a Validação não é mais uma fase onde se valida as hipóteses após Treinamento, mas passa a fazer parte deste também.

Dois métodos surgem como melhores alternativas para ajudar na escolha do momento de parar o ciclo combinado e ainda obter hipóteses balanceadas, com alto potencial de aproximação:
- *reamostragem [resampling methods]*
  utiliza do conceito de Validação Cruzada [*Cross Validation*] para estimar a acurácia das hipóteses candidatas. Permite executar o ciclo combinado um número k de vezes em diferentes subconjuntos de amostras, possibilitando obter uma avaliação baseada em estimativas mais precisas do erro empírico, e
- *retenção do conjunto de Validação [validation dataset]*
  sendo uma excelente alternativa se baseia na estratégia de reter [*hold back*] e não utilizar um subconjunto do conjunto de amostras de Treinamento até o final do ciclo combinado.

Após haver sintonizado finamente as hipóteses, as amostras retidas passam a serem utilizadas para identificar, entre as candidatas, as que apresentam os melhores desempenhos em termos do erro empírico.

A estratégia de Validação Cruzada, como alternativa bastante eficiente possibilita na maioria das vezes obter hipóteses balanceadas, que apresentem representatividade estatística.

3.10. Validação Cruzada

O método de Validação Cruzada tem sido concebida na Estatística para selecionar modelos estatísticos. Na sua formulação mais simples tem sido bastante útil em muitos algoritmos de aprendizagem [2.47].

Fundamenta-se na forma de particionar e alocar amostras em cada uma das fases no combinado iterativo Treinamento – Validação. Dependendo da forma como a partição ocorre, há três alternativas que podem ser aplicadas e são reconhecidas como diferentes técnicas:

- *Holdout*:

abordagem muito comum, onde o conjunto de amostras é separado em dois subconjuntos disjuntos, um dedicado ao Treinamento e outro a Validação. Em termos de quantidade de dados tem sido muito usual particionar 2/3 dos dados para Treinamento e os restantes 1/3 para Validação. Não preenche, assim, todos os requisitos de igualdade nos conjuntos das amostras. As hipóteses com desempenhos bons na Validação são diretamente submetidas para Testes.

Sendo uma técnica mais simples, tem sido uma opção bastante recomendada,   quando se tem disponível uma grande quantidade de amostras. Caso contrário a Validação passa a não ter a mesma representatividade estatística do Treinamento, como visto, resultando em mais sensibilidade (variações) nos valores do erro empírico, por serem calculados somente sobre um conjunto menor de amostras.

- *k-folds*:

sendo a que mais se identifica com a denominação de Validação Cruzada e, também uma das mais conhecidas, apresenta um procedimento mais complexo e envolvente, que faz melhor uso das amostras.

O conjunto de amostras de Treinamento é dividido em K diferentes subconjuntos disjuntos D_1, D_2, ..., D_K, sobre os quais a aprendizagem acontece. Esses subconjuntos tem, grosseiramente, o mesmo número de amostras. Os conjuntos, aparentemente, tem a mesma representatividade estatística. Cada hipótese usa $(K-1)$ subconjuntos de amostras para extrair valor e é validada pelo subconjunto de amostras que ficou de fora, constituindo assim um ciclo de Treinamento - Validação.

Há (K) diferentes ciclos de Treinamento -Validação, onde em cada ciclo é usado um conjunto diferente de amostra para ambas atividades Treinamento e Validação. Após (K) ciclos de Treinamento – Validação o erro empírico da hipótese é calculado como a média dos (K) erros calculados a cada ciclo. Nesta Validação Cruzada a capacidade de aproximação de cada uma das hipóteses candidatas é, então, avaliada através da média dos (K) desempenhos obtidos a cada ciclo da Validação Cruzada.

O objetivo é conseguir evitar que o conjunto de Validação não tenha, acidentalmente, características específicas ou não caracterize somente as propriedades expressas nas amostras de Treinamento.

Este método tem se provado efetivo em encontrar hipóteses com bom desempenho, quando há disponível um grande volume de amostras.

O erro produzido por uma hipótese na Validação Cruzada depende de dois fatores: qualidade do conjunto de Treinamento e tipo de partição deste conjunto em subconjuntos distintos.

- *leave-one-out*:

considerado como um caso particular do método *k-fold*, onde K toma a dimensão do número total de amostras disponíveis para Treinamento e Validação, ou seja, K igual ao número total de amostras N.

Para cada hipótese $h_S(\theta)$ usa-se $N-1$ amostras para o Treinamento e apenas uma única amostra para Validação. Repetidamente são realizados N ciclos Treinamento - Validação, deixando apenas uma amostra de fora. Como em cada exercício a amostra que ficou de fora do Treinamento é utilizada para Validação, isso equivale a ter um Treinamento com quase N amostras, onde o erro produzido pela hipótese em análise é calculado pontualmente. A partir do cálculo de erro para cada amostra, calcula-se de erro empírico como o valor médio sobre N ciclos (ou equivalentemente sobre N amostras). Apresenta alto custo computacional, sendo muito indicado para situações que disponham de uma pequena quantidade de amostras. A grande vantagem que apresenta está na baixa variância que gera para os erros de desempenho, o que significa poder oferecer uma boa estimativa, muitas vezes não ótima, do erro sobre novas amostras.

Qualquer que seja o método aplicado, *holdout, k-folds* ou *leave-one-out*, o calculo do erro de generalização para selecionar o modelo mais adequado, utiliza a seguinte equação:

187

$$\mathcal{E}\big(f(*), h_S(\theta)\big) = \frac{1}{K} \sum_{i=1}^{K} \frac{1}{N_i} \sum_{j=1}^{N_i} \varepsilon\Big(y_j, y_j^*\Big)$$

onde:

K: número de partições das amostras de Treinamento;

i: índice do ciclo de Treinamento. Pode haver K ciclos;

N_i: número de amostras usadas em cada ciclo;

$\dfrac{1}{N_i} \sum_{j=1}^{N_i} \varepsilon\Big(y_j, y_j^*\Big)$: representa o erro empírico, como valor médio calculado durante o ciclo i

$\varepsilon\big(f(*), h_S(\theta)\big)$: erro empírico da hipótese $h_S(\theta)$

Os métodos de Validação Cruzada tem substituído as análises teóricas por ciclos de processamentos, principalmente em situações onde estes não são muito intensivos, dado que, em geral, os resultados são mais fáceis de serem obtidos e entendidos.

O aspecto mais importante que a Validação Cruzada traz está no fato de não haver a necessidade de assumir premissas sobre as propriedades estatísticas do ruído nas amostras, retornando de forma quantitativa estimativas estáveis sobre a precisão e qualidade do desempenho das hipóteses.

3.11. Testes e Seleção do Modelo

Após a fase de Validação, através de ciclos iterativos ou não, como próxima fase é empreendida a fase de Testes, quando as hipóteses candidatas são avaliadas para identificar qual a melhor que deve ser considerada *modelo*.

O conjunto de Testes acontece sobre um conjunto de amostras inéditas, que sejam representativas do *futuro* e que ainda não foram utilizadas no Treinamento e nem na Validação.

Quando o número de amostra de dados é suficientemente grande, se consegue levantar estimativas para o erro empírico, a partir de ciclos independentes de custos de processamento relativamente baixos.

Do ponto de vista prático a dificuldade começa com a rara disponibilidade de grandes conjuntos de amostras independentes, que possam servir para um sequenciamento de Testes. Avaliar a qualidade de diferentes hipóteses, através da complexidades de suas classes, não pode ser feita apenas comparando o número de parâmetros que descreve cada hipótese. Isso não é suficiente para verificar a flexibilidade e a potencialidade que cada conjunto de parâmetros potencializa.

Por isso, além de estimativas quantificadoras sobre os erros, outros aspectos mais qualificadores devem ser considerados para a seleção da hipótese *modelo* como:
- *Interpretabilidade*: facilidade para identificar e entender porque a hipótese faz determinadas decisões em detrimento de outras,
- *Simplicidade*: facilidade de expressar, explicar e entender o comportamento da hipótese,
- *Precisão*: relação direta da quantidade de erro empírico com o tipo de discrepância produzida,
- *Rapidez*: pronta utilização da hipótese nas fases passadas de Treinamento, Validação e Testes,
- *Escalabilidade*: possibilidade de aplicação sobre conjuntos de amostras de diferentes tamanhos, desde pequenos até grandes dimensões.

Aplicação do Modelo

Processos de aprendizagem não podem ser considerados como sequenciais, pelo contrário. São melhor representados como um ciclo que contém diversos caminhos de realimentação e interações entre as diversas fases, ver figura 2.3- 27.

Diferentes passos são repetidos várias vezes de maneira iterativa, com o intuito de alcançar, através de refinamentos constantes, uma convergência nos resultados. Na maioria dos ambientes operacionais há o uso intensivo de ferramentas, que possibilitam automatizar alguns dos passos das diversas sequências de operações.

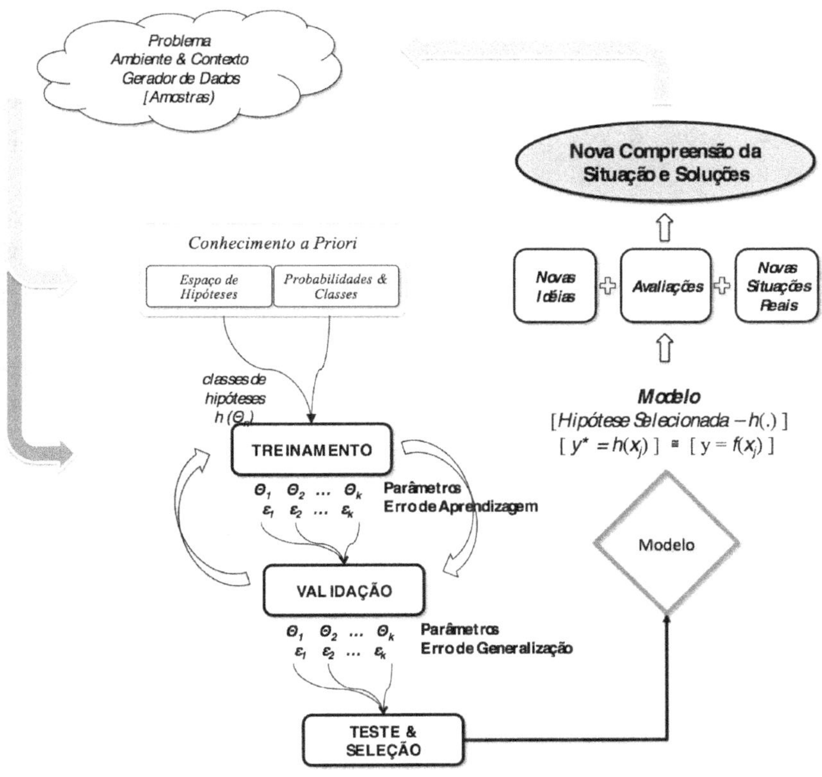

Fig. 2.3-27 Aprendizagem Automática – Esforços Finais no Projeto

Pode-se dizer que os ambientes mais elaborados dispõe de uma flexibilidade conceitual e ferramental, que possibilitam inserir novas operações ou reexecutar experimentos quase em tempo real.

ser observado que os ambientes de trabalho devem dispor de muita flexibilidade operacional, desde a *Preparação de Dados*, seguindo pelo *Treinamento, Validação e Testes* e seus experimentos, além de *Pontos de Inspeção* (*Spot Checks*), quando se avalia não somente os resultados, mas a qualidade das operações e dos processos envolvidos. A solução engendrada deve ser implementada para fazer parte da organização, qualquer que seja seu tipo e razão social.

Dado que essa tecnologia vem recheada de premissas, relativas ao desempenho e a automatização esperada, se faz necessário sempre apresentar de forma revisada visões corrigidas e consistentes dos objetivos de cada projeto, dos resultados obtidos ao longo deste e dos que se pode avaliar durante a operação. Realçando que, neste ultimo tipo de atividade, se constata a efetividade do esforço feito para tornar automática a execução da tarefa através da aplicação modelo escolhido.

A característica iterativa auxilia muito as pessoas envolvidas a aprenderem, durante o ciclo de aprendizagem e a compreenderem melhor a situação, as circunstâncias, as soluções empreendidas e a reformularem o problema, se for o caso, numa forma cíclica e iterativa.

Divulgar os resultados encontrados, talvez seja um dos passos mais importantes, pois agrega valor e formaliza a finalização dos esforços do projeto. Para tanto, diferentes sugestões existem para empreender esforços de apresentação para as partes interessadas ou aos tomadores de decisão envolvidos, dando esclarecimentos claros e sucintos sobre:

- *Contexto*

  resumindo o ambiente em que o problema existia no início do projeto, suas evoluções e estado atual. Relembrar sempre a motivação inicial que requeria a solução através de algoritmos de aprendizagem e confirmar essa necessidade e evoluções diante das complexidades encontradas, possibilitando que todos tenham a compreensão global do contexto;

- *Problema*:

  descrevendo o problema de maneira detalhada, usando uma ou várias questões que foram geradas durante o projeto e respondidas com sucesso total ou parcial, apresentando algumas particularidades descobertas ao longo do projeto;

- *Solução*

  descrevendo de forma clara a solução como uma ou mais respostas às questões colocadas na apresentação do problema. Descrição bem específica, mas sucinta.

- *Resultados*

  listando as descobertas que foram feitas ao longo do caminho, que possam interessar. Podem ser descobertas que aconteceram nos dados, nos algoritmos que funcionaram ou não, nas bases representacionais e espaço de hipóteses que os algoritmos geraram, ou nos benefícios e desempenhos dos modelos encontrados;

- *Limitações*

  apontar situações ou circunstâncias onde os modelos não funcionam ou questões que os modelos não respondem. Não omitir essas limitações, pois a credibilidade dos modelos e da solução via aprendizagem, somente, se destaca se forem encontrados os limites onde estes não funcionam.

Referências

2.01. *Simon H Reason in Human Affairs*. San Francisco, CA: Stanford University Press, 1983.

2.02. *Minsky M. L. The Society of Mind*. Ny, NY: Simon and Schuster, 1986.

2.03. *Michalski R. Machine Learning: An Artificial Intelligence Approach*. Los Altos, CA: Kaufmann, 1983.

2.04. *Mitchell T. M. Machine Learning*. Redmond, VA: MaGraw-Hill Science/Engineering/Meth, 1997.

2.05. Quilan J. R. Induction, Knowledge and Expert Systems. *Artificial Intelligence Developments and Applications,*, 1988: 253-271.

2.06. *Domingos P. Machine Learning CS 446*. University of Washington, Seattle, WA, USA. 2016. www.cs.washington.edu/446.

2.07. *Emerging Paradigms in Machine Learning*. Edited by Jain L. C. & Hoelett R. Ramanna S. 2013.

2.08. *Abu-Mostafa Y. Malik M-I. Hsuan Tien-Lin Learning from Data, A short guide*. AML Books, 2012.

2.09. *Hinton G. Sejnowski T. J. Unsupervised learning: Foundations of Neural Computation*. MIT Press, 1999.

2.10. *Chapelle O. Scholkopf B. Zien A. Semi Supervised Learning*. Edited by Heckerman D. , Jordan M. & Kerans M. Associate Editors Dietterich T. and Bishop C. Cambridge, MA: The MIT Press, 2006.

2.11. *Sutton R. Barto A. G. Reinforcement Learning: An Introduction*. Edited by Bradford Book. Cambridge, MA: The MIT Press, 2012.

2.12. Carbonara L. and Borrowman A. A comparaison of batch and incremental supervised learning algorithms. *European Symposium on Principles of Data Mining and Knowledge Discovery*. SpingerLink, 1998. 264-272.

2.13. *Martin B. M.. Missing Data Problems in Machine Learning*. Edited by University of Toronto. toronto: University of Toronto, 2008.

2.14. *Zheng A and Casari, A. Feature Engineering for Machine Learning: Principles and Techniques for Data Scientists*. Sebastopol, CA: O'Reilly Media Inc, 2018.

2.15. *Pyle D Data Preparation for Data Mining (The Morgan Kaufmann Series in Data management Systems)*. San Francisco, CA: Morgan Kaufmann Publishers, 1999.

2.16. *Kumar, S. Neural Networks A Classroom Aproach*. New Delhi: Tata McGraw Hill Publishing Company, 2004.

2.17. 09 13, 2017. https://analyticsvidhya.com/blog/2016/02/7-important-model-evaluation-erro-metrics/.

2.18. Pfitzner D. , Leibbrandt R. amd Powers D. Characterization and evaluation of similarity measures for pairs of clusterings. Edited by Springer. *Knowledge Information Systems*, 06 2009.

2.19. *Evaluation Metrics.* https://spark.apache.org/docs/2.1.1/mllib-evaluation-metrics.html (accessed 09 13, 2017).

2.20. *Haskell R. Machine Learning evaluation metrics, implemented in Python.* 09 2015. https://github.com/benhamner/Metrics.

2.21. *Brownlee J. How to Estimate the Performance of Machine Learning Algorithms in Weka.* 07 2016. https://machinelearningmasterry.com/estimate-performance-machine-learning-algorithms-weka.

2.22. *Mokhtarian P. Machine Learning Model Performance and Error Analysis.* 01 2017. https://www.linkedin.com/pulse/machine-learning-model-performance-error-analysis-payan-mokhtarian.

2.23. Sokolova M. and Lapalme G. A systematic analysis of performance measures for classification tasks. *InformationProcessing and Management* (Elsevier), 2009.

2.24. Ferri C. , Hernandez-Orallo J. Modoiu R. An experimental comparaison of performance measures fo classification. *Pattern Recognition Letters* (Elsevier B.V.), 2008.

2.25. *Overview of Machine Learning Metrics.* 02 23, 2016. http:librimind.com/2016/02/overview-of-machine-learning-metrics/.

2.26. *Castrounis A. Machine Learning: An in-depth guide - model performance and error analysis.* 03 2016. https://www.innoarchitech.com/machine-learning-an-in-depth-non-technical-guide-part-4/.

2.27. *Raschka S. Model evaluation, model selection, and algorthmo selection in machine learning, part I - The basics.* 06 2016. https://sebastianraschka.com/blog/2016/model-evaluation-selection-part1.html.

2.28. Land A.H. and Doig A.G. An automatic method of solving discreta programming problems. *Econometrics*, 1960: 497-520.

2.29. *Pearl J. Heuristics: Intelligent Search Strategies for Computer Problem Solving.* Boston, MA: Addison-WesleyLongman Publishing , 1984.

2.30. *Knuth D. E. The art of Computer Programming.* 3 rd. Edited by Addison-Wesley. Vol. 1. 5 vols. 1997.

2.31. Korl R. Depth-first iterative-deepening: an optimal admissible tree search. *Artificial Intelligence*, no. 27 (1985): 97-109.

2.32. Meseguer P. Interleaved depth-first search. *IJCAI Proceedings of the Fifteenth International Joint Conference on Artificial Intelligence.* Kaufmann Publishers, 1997. 1382-1387.

2.33. Esposito F. Malerba D. and Semeraro G. Decision tree pruning as a search in the state space. *Machine Learning - Lecture Notes.* Berlin: Springer, 1993.

2.34. *Chong E. K. P. and Zak S. H. An introduction to optimization.* 3rd. John Wiley and Sons , 2008.

2.35. Bottou L. Stochastic Learning. *Advanced Lectures on Machine Learning* (Springer), 2004: 146-168.

2.36. *McClelland J.L. and Rumelhart D.E. Parallel distributed processing.* Vol. 2. Cambridge, MA: MIT Press, 1986.

2.37. Nesterov Y. Efficiency of coordinate descent methods on huge-scale optimization problems. *SIAM Journal on Optimization*, no. 22 (1994): 341-362.

2.38. Duchi J. , Hazan E. and Singer Y. Adaptive Subgradient Methods for Online Learning and Stochastic Optimization. Edited by Tong Zhang. *Journal of Machine Learning Research* (JMLR and Microtome USA), no. 12 (2011): 2121-2159.

2.39. Zeiler M. D. ADADELTA: An Adaptive Learning Rate Method. 12 22, 2012. https://arxiv.org/pdf/1212.5701.pdf (accessed 2017).

2.40. Kingman D.P. and Ba J.L. ADAM: A method for Stochastic Optimization. *arxiv.org.* Edited by ICLR. 2015. https://arxiv.org/pdf/1412.6980 (accessed 2017).

2.41. Ruder S. An overview of gradiente descdent optimization algorithms. *arxiv.org.* 2016. https://arxiv.org/pdf/1609.04747.pdf (accessed 2017).

2.42. *Vapnik V. Principles of Risk Minimization for Learning Theory, Advances in Neural Information Processing Systems (NIPS).* Edited by Moody J.E. and Touretzky D.S. Lippman D.S. Morgan Kaufmann, 1992.

2.43. Haussler D. Probably Approximaely Correct Learning. *Proc. of the 8th national conference on Artificial Inelligence.* CA: Morgan Kaufmann, 1990. 1101-1108.

2.44. *Shwartz S.S. and Ben-David S. Understanding Machine Learning : From theory to algorithms.* Cambridge University Press, 2014.

2.45. *Wackerly D. , Mendenhall W. , Scheaffer R.L. Mathematical Statistics with Applications .* 7th. Belmont, CA: Thomson Higher Education, 2008.

2.46. *Kelleher J.D. , Mac Namee B. and Darcy A. Fundamental of Machine Learning for Predictive Data Analytics.* Cambridge, MA: The MIT Press, 2015.

195

2.47. Arlot S. A survey of cross-validation procedures for model
selection. *Statistics Surveys* 4 (2010): 40-79.

Epílogo

A escrita dos três volumes do livro tomou mais tempo do que o incialmente planejado, pois acabei identificando uma infinidade de informações que reconhecidamente são igualmente importantes de serem inseridas.

Cheguei mesmo a ter uma certa dificuldade em estruturar os assuntos numa sequência que consiga atender as demandas e questões dos profissionais, em diferentes níveis de conhecimento e experiência, nos ambientes acadêmicos e empresariais. Demandas que giram em torno ou expressam a preocupação ou a necessidade assimilar uma base sólida em algoritmos de aprendizagem, de preferência conhecimentos teóricos bem estabelecidos, uma vez que tudo parece estar sendo experimentado e inserido dentro de uma área ainda em nascimento.

Se não fosse pelos comentários incentivadores de minha esposa, que pacientemente se permitiu aprender um pouco da complexidade que representa os assuntos abordados, estaria provavelmente sentenciado aos terríveis sentimentos que acompanhariam a procrastinação a que me submeteria. Confesso que algumas vezes pensei em desistir de escrever tal livro, assim tão abrangente e num nível apenas conceitual, até que me convenci de que talvez a ousadia possa criar uma obra que reúna um conjunto suficiente de informações, em língua portuguesa, que de alguma forma auxilie formandos e profissionais oriundos dos domínios das engenharias, ciência de computação, informática, matemática entre as mais diretamente relacionadas. Além dos diversos profissionais de empresas, que se deparam com a dificuldade de formar ou encontrar especialistas em Ciência dos Dados.

O livro não pretende ser a visão mais abrangente e nem mais detalhada do *estado-da-arte*. Sua finalidade é bem menos ambiciosa, talvez balanceando aspectos acadêmicos que levem a um bom entendimento dos fundamentos e do racional lógico e por outro lado, aponte as limitações teóricas e práticas mais relevantes. Procurei atingir esse objetivo, através do conjunto os três volumes, pela exposição de racionais, princípios, regras e algoritmos, lembrando sempre que a finalidade tem sido criar uma base sólida, sem ter que recorrer as inúmeras provas matemáticas que envolvem as diferentes teorias e algoritmos.

A maioria dos assuntos são bem conhecidos dentro das áreas de Inteligência Artificial, Reconhecimento de Padrões e Redes Neurais, embora utilizados em diversos domínios do conhecimento técnico científico, talvez com diferentes nomes e notações. Pode acontecer de alguns dos métodos e algoritmos serem menos aplicados ou conhecidos, pois a escolha foi orientada por: percepções, demandas identificadas, um pouco pela efetividade prática, pelo sucesso reportado na literatura e quem sabe um pouco de intuição.

O desafio maior foi escrever um livro que sendo ao mesmo tempo informativo, onde o leitor encontre conceitos, racionalidades e funcionalidades consolidados, mas fosse, também, suficientemente detalhado para prover conteúdo com um mínimo de ferramental teórico, que possibilite qualquer interessado em se aprofundar em temas específicos ou entender as soluções e limites encontrados nas aplicações práticas.

Houve uma certa dificuldade em estabelecer uma terminologia geral e consistente em todos os ângulos, dada a diversidade de origens e linhas de pensamento que motivaram a criação dos diferentes algoritmos e embasamentos que podem ser encontrados nas mais diversas literaturas publicadas. Devo salientar que nesse sentido o livro, pretensiosamente, apresenta uma base conceitual simplificada daquelas propostas pelas diversas teorias, consolidadas ao longo dos anos em diversos trabalhos de pesquisas e de desenvolvimentos tecnológicos.

O esforço mais ousado foi de resumir o grande leque de algoritmos, detalhando os aspectos teóricos mais importantes e realçando os principais problemas, sempre fundamentado na sequência que envolve o princípio norteador de *como as máquinas aprendem*:

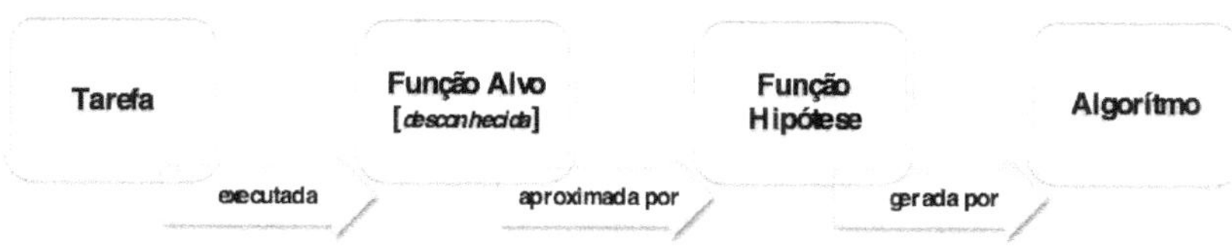

Extensamente utilizada para mostrar ao leitor que o conjunto de teorias existentes, na verdade, buscam atingir um único objetivo, constituir uma solução genérica que, obedecendo as especificações de tal sequência, consiga ser uma ferramenta útil para dar a sua máquina a habilidade de aprender a executar qualquer tipo de tarefa.

Espero que o leitor consiga depreender ao final da leitura dos três volumes, que tal solução ainda está longe de ser alcançada, mais ainda, que conhecer os algoritmos, todos os conceitos que fundamentam suas concepções e os limites que estas impõe, vai possibilitar conduzir estudos e exercer profissões pilares da cibernética do futuro próximo. Profissões que estarão relacionadas com talvez pontos críticos da emergente Ciência dos Dados, levando com mais consciência e menos ilusão, a colaborarem para o desenvolvimento do automatismo da maioria das tarefas, que ainda hoje são objeto de muito racional técnico e científico.

A escrita de uma obra que reúne a maioria dos algoritmos, tem o objetivo singular de dar o conforto e ganho de tempo para quem quer se preparar com solidez para um mundo fascinante de desafios, onde trabalhar com dados significará uma profissão de muitas oportunidades, num futuro cada vez mais cibernético.

O resultado escrito obtido, infelizmente, não se mostra uniforme no sentido matemático, dado que às vezes os temas são abordados em uma maneira bastante superficial conhecida e em outras remetendo o leitor a aprofundamentos teóricos para que consiga extrair a plenitude do conhecimento. Isso acontece, como mencionado, por causa da diversidade de conceitos e termos que não possibilitaram uma harmonização conceitual, mas apenas um resultado de compromisso, para sobrepor a dificuldade que muitos tem em encontrar um texto de fácil entendimento por leitores que ainda não criaram uma base forte nas ferramentas matemáticas com as que os algoritmos de aprendizagem foram concebidos. Infelizmente algumas técnicas e algoritmos só conseguem ser entendidos através de conceituações e teorias que só são apresentadas em cursos mais avançados, como mestrado e doutorado. Nesse caso colocar as explicações de forma mais simples possível, procurando evitar ao máximo os tratamentos matemáticos que pudessem desviar o interesse do leitor, foi a ousadia maior.

Leitores que estão em busca de detalhes de implementação ou ideias de aplicação são encorajados a procurarem nas referências por assuntos de interesse. Lamentamos que a maioria destas seja em língua inglesa.

O livro foi dividido em três volumes. No Volume I

contém uma contextualização dos temas dentro do ciclo de vida de Ciência dos Dados. Neste são apresentados os principais conceitos e fundamentos que se aplicam para explicar *como as máquinas aprendem*, através da extração de valor e conhecimento a partir de *dados* e da geração de *bases representacionais de hipóteses*. Funções *hipóteses* que se tornam *modelos* de funções, os quais os computadores executam para realizar as tarefas, objeto dos diversos projetos, como sintetiza o diagrama, ilustrado mais a seguir.

Apesar desse diagrama sugerir que as atividades, do ciclo de aprendizagem, sejam sequenciais deve se ter em mente que esse caminho pode ser percorrido com um grau de flexibilidade muito grande de maneira que múltiplas realimentações existam e que podem ser feitas cada vez que alguma informação surge como resultado.

Todos os conceitos abordados nesse Volume I são igualmente importantes para que sejam bem entendidos e administrados para obter sucesso na criação ou aplicação dos algoritmos de aprendizagem, ver Volume II . Entretanto, alguns aspectos são fortemente dependentes do domínio de aplicação e inevitavelmente estão além do escopo do livro.

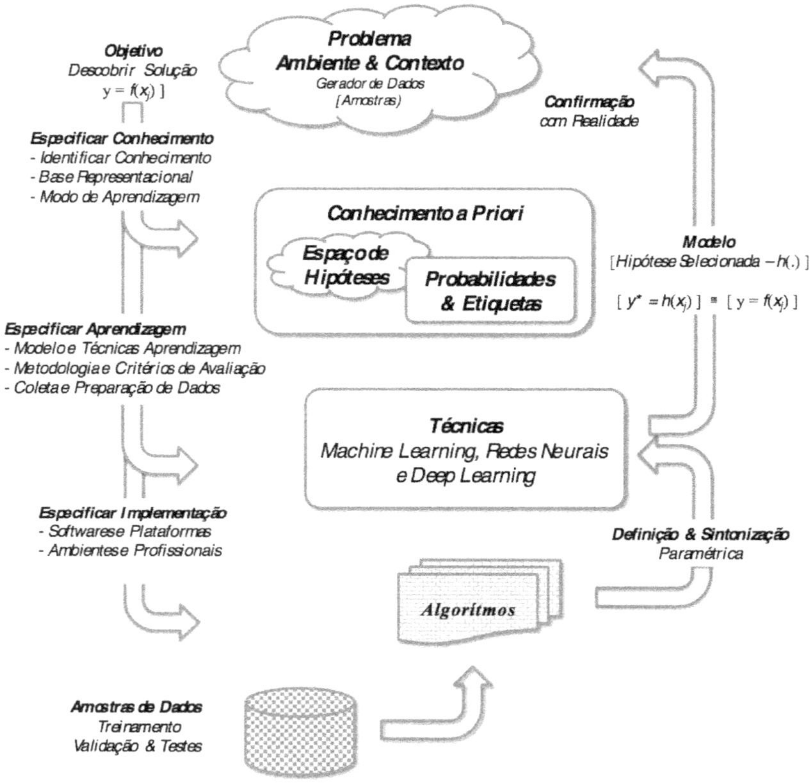

O Volumes II está voltado a apresentar uma plêiade de algoritmos, onde alguns são mais adequados para determinados tipos de problemas que outros. Assumindo a conveniência do princípio chamado de *Teorema do Almoço Grátis* (*no Free Lunch Theorem*), que estabelece que não existe uma única técnica que se aplique a qualquer problema, os algoritmos são apresentados, de forma judiciosa, considerando as premissas e condições que direcionaram suas concepções e aplicabilidade. Sempre tendo a consciência de que se um algoritmo se aplica para um determinado tipo de problema, com grande probabilidade não se aplica para qualquer outro. No Volume III foi abordado temas bastante procurados, as *Redes Neurais, o Aprendizado Profundo (Deep Learning) e Ensembles* onde detalhes de algoritmos sofisticados apresentam, como estado da arte, a habilidade computacional de *como máquinas aprendem.*

Agradecimentos

Aproveitando a oportunidade impar que alguém pode abraçar para dispender tempo intelectual em um período sabático, a escrita desses três volumes pode ser comparada a uma jornada plena de surpresas e desafios. Não teria a mesma vitalidade se não fosse apoiada pela minha esposa Mônica, quem me acompanhou de forma paciente e opinativa, contribuindo com sugestões inteligentes e bastante pertinentes.

Nem tampouco teria o visual harmonioso sem a participação criativa de minha filha Marina, que ao longo do período teve a felicidade de receber seu filhinho guerreiro Lorenzo...

Sobre o Autor

Engenheiro Eletrônico pela Universidade de São Paulo-USP, Mestre em Sistemas Espaciais pelo Instituto de Pesquisas Espaciais -INPE, Doctorat d'Etat (PhD) en Informatique et Intelligence Artificielle pela Universidade de Toulouse, França.
Pos-Doc e Professor Visitante no Departamento de Ciência da Computação da Universidade da California, Los Angeles, UCLA, USA.
Atuou no setor público em instituições de ensino e pesquisa e no privado em empresas pequenas e multinacionais, no Brasil França, Estados Unidos e Canadá, chegando a exercer cargos de diretoria: técnica, de programas, e da área de negócios.
Atualmente se encontra em período sabático.

Observação: o autor se dispõe a esclarecer eventuais dúvidas e responder questões relativas ao conteúdo do livro, via e-mail:

e-mail: *comomaquinasaprendem@gmail.com*